O teatro à moda

FUNDAÇÃO EDITORA DA UNESP

Presidente do Conselho Curador
Herman Jacobus Cornelis Voorwald

Diretor-Presidente
José Castilho Marques Neto

Editor-Executivo
Jézio Hernani Bomfim Gutierre

Assessor Editorial
Antonio Celso Ferreira

Conselho Editorial Acadêmico
Alberto Tsuyoshi Ikeda
Célia Aparecida Ferreira Tolentino
Eda Maria Góes
Elisabeth Criscuolo Urbinati
Ildeberto Muniz de Almeida
Luiz Gonzaga Marchezan
Nilson Ghirardello
Paulo César Corrêa Borges
Sérgio Vicente Motta
Vicente Pleitez

Editores-Assistentes
Anderson Nobara
Arlete Zebber
Ligia Cosmo Cantarelli

Coleção
PEQUENOS FRASCOS

BENEDETTO MARCELLO

O TEATRO À MODA

Tradução,
apresentação e notas
Ligiana Costa

editora
unesp

IL TEATRO ALLA MODA

O SIA

METODO sicuro, e facile per ben comporre, & esequire l'OPERE Italiane in Musica all'uso moderno,

Nel quale

Si danno Avvertimenti utili, e necessarij a Poeti, Compositori di Musica, Musici dell'uno, e dell'altro sesso, Impresarj, Suonatori, Ingegneri, e Pittori di Scene, Parti buffe, Sarti, Paggi, Comparse, Suggeritori, Copisti, Protettori, e MADRI di Virtuose, & altre Persone appartenenti al Teatro.

DEDICATO
DALL'AUTTORE DEL LIBRO AL COMPOSITORE DI ESSO.

Stampato ne BORGHI di BELISANIA per ALDIVIVA LICANTE, all'Insegna dell'ORSO in PEATA. Si vende nella STRADA del CORALLO alla PORTA del PALAZZO d'ORLANDO.

E si ristamperà ogn'anno con nuova aggiunta.

© 2010 da tradução Editora UNESP

Título original em italiano: *Il teatro alla moda*

Direitos de publicação reservados à:

Fundação Editora da UNESP (FEU)
Praça da Sé, 108
01001-900 – São Paulo – SP
Tel.: (0xx11) 3242-7171
Fax: (0xx11) 3242-7172
www.editoraunesp.com.br
www.livrariaunesp.com.br
feu@editora.unesp.br

Obra publicada com a contribuição do
Ministério das Relações Exteriores da Itália.

CIP – Brasil. Catalogação na fonte
Sindicato Nacional dos Editores de Livros, RJ

B398t
Marcello, Benedetto, 1686-1739
O teatro à moda/Benedetto Marcello; tradução, apresentação e notas Ligiana Costa. – São Paulo: Editora UNESP, 2010. 150p. (Pequenos frascos)
Tradução de: *Il teatro alla moda*
Inclui bibliografia e glossário
ISBN 978-85-393-0047-1

1. Teatro italiano (Literatura). 2. Sátira italiana. 3. Ópera – Itália. I. Costa, Ligiana. II. Título. III. Série

10-2754.
                                  CDD: 852
                                  CDU: 821.131.3-2

Editora afiliada:

Asociación de Editoriales Universitarias
de América Latina y el Caribe

Associação Brasileira de
Editoras Universitárias

Sumário

9 . Apresentação
21 . Do escritor do livro ao seu próprio autor
23 . Aos libretistas
37 . Aos compositores de música
51 . Aos cantores
61 . Às cantoras
79 . Aos empresários
85 . Aos instrumentistas
89 . Aos maquinistas e cenógrafo
93 . Aos bailarinos
95 . Aos cantores bufos
97 . Aos costureiros do teatro
99 . Aos pajens
101 . Aos figurantes
103 . Aos pontos
105 . Aos copistas

107 . Ao advogado do teatro
109 . Aos protetores do teatro
111 . Aos recebedores de bilhetes à porta
113 . Aos bilheteiros
115 . Aos protetores das cantoras
117 . Às mães das cantoras
125 . À rifa
129 . Aos professores de canto
131 . Aos professores de solfejo
133 . Aos carpinteiros e ferreiros
135 . Aos que alugam cadeiras e camarotes
137 . Ao faz-tudo do teatro
139 . Às pessoas da sociedade
141 . Aos gerentes do café do teatro
143 . Glossário
147 . Referências bibliográficas

Apresentação

Sobre o autor

Benedetto Marcello (Veneza, 1686 - Brescia, 1739), filho de patrícios venezianos, seguiu a carreira de magistrado, dedicando-se ao mesmo tempo aos estudos musicais. Músico diletante (termo que denominava nessa época os nobres que não podiam exercer a música como atividade principal), Marcello desenvolveu uma obra musical de certa importância estilística e histórica. Um de seus irmãos, Alessandro, foi também um compositor de alguma relevância na história da música. Marcello iniciou um movimento pela reforma do canto, paralelo ao de Apostolo Zeno pela reforma libretística, que culminaria na estética gluckiana, suprimindo os exagerados ornamentos feitos pelos cantores e os excessos cênicos visando um retorno aos ideais antigos. Em 1728, Benedetto Marcello cai em uma tumba na igreja Santi Apostoli de Veneza e, acreditando ser este um sinal divino, retira-se do mundo para uma experiência mística. Ao final de sua vida, foi camerlengo de Brescia, cidade onde morreu, deixando um tratado religioso (*L'Universale Redenzione*) incompleto.

A coleção de salmos e de cantatas compostas por Marcello é um ponto de referência da música italiana em todo o barroco europeu e deu ao compositor o título de "príncipe da música sacra". Paralela à produção musical, Marcello desenvolveu uma curiosa produção literária-satírica – a mais importante dentre elas é sem dúvida *Il Teatro alla Moda*, publicado anonimamente em 1720 e difundido em toda a Europa. Marcello possuía um interesse especial pelos cantores e cantoras e, imbuído de um espírito irônico, compôs também a carta-cantata *Carissima figlia* (1718) e os madrigais para os *castrati* (1715), nos quais chega a indagar se estes poderiam ou não ir para o paraíso.

O livro e a crítica operística no século XVIII

A crítica operística no século XVIII vem de uma forte tradição iniciada por literatos – nem sempre relacionados profissionalmente à música –, com um vivo debate em círculos de especialistas e publicações sobre as razões de ser da ópera, sua prática e estética. Ludovico Antonio Muratori, defensor de uma ideia conservadora sobre o texto dramático, em seu tratado *La perfetta poesia italiana* (1706), critica com veemência e moralismo a ópera em música de seu período, como podemos observar nesta breve passagem: "Os dramas modernos [...] são um monstro, uma união de mil inverossimilhanças. Nenhuma utilidade podemos tirar destes; aliás, causam graves danos ao povo. Nem mesmo nos dão prazer, que seria sua única finalidade". (apud Durante, 1988).

Por outro lado, Pier Jacopo Martello, em seu texto *Della tragedia antica e moderna* (1714), defende o *melodramma* (expressão usada pelo autor e em uso ainda hoje) como um gênero literário à parte, independente da tragédia. Nesse gênero a relação hierárquica entre a poesia e a música é invertida, e o libretista deve ser quase subserviente ao compositor, afastando-se, assim, do ideal monteverdiano, em que a música se faz serva da palavra.

Publicado anonimamente em Veneza, em 1720, *Il teatro alla moda* tem um sucesso editorial extraordinário: nunca esteve fora de impressão e foi traduzido diversas vezes para o alemão e para o francês. Impresso como um panfleto de 64 páginas, sem nenhum luxo de editoração, *Il teatro alla moda* era provavelmente vendido nas ruas de Veneza por alguns trocados. A primeira atribuição a Benedetto Marcello se dá numa carta do libretista Apostolo Zeno, na qual ele comenta: "*Il teatro alla moda* do senhor Benedetto Marcello, irmão de Alessandro, é uma sátira deliciosa" (apud Pauly, 1948).

O título se refere ao teatro em geral, porém, no decorrer do texto, fica claro que Marcello disserta sobre a forma teatral mais em evidência em seu tempo: a ópera, o *melodramma alla moda*, ou seja, em voga, na moda. O texto se desenvolve a partir de uma série de recomendações "aos personagens" que desejam ingressar no universo do teatro musical, com um importante detalhe: Marcello dita as regras ao contrário. Com cinismo e polemismo afiadíssimos, ele comenta sobre todas as profissões da produção operística; do compositor ao marceneiro e da cantora ao gerente do café do teatro, dando ao leitor um retrato irônico do universo da ópera do século XVIII.

Il teatro alla moda se enquadra numa categoria de literatura satírica que, segundo Renato Di Benedetto (1987), contribuiu fortemente na formação de certos estereótipos relativos ao universo do drama lírico. Para Di Benedetto, a sátira lírica é um fenômeno interno à ópera em si e pertence à esfera do teatro no teatro: "Uma forma de autoironia, de exibição cômica dos próprios defeitos, que, ao mesmo tempo, é consciente de que, mais que o defeito isoladamente, é a condição em si do 'defeito' (que abrange não somente a instabilidade, a sorte, o provisório, a habilidade em fazer rapidamente ajustes em função das circunstâncias, mas também a sutil dialética dos vícios e virtudes) que constitui a própria natureza do teatro – e deste teatro em particular –, como fator essencial de seu poder de fascínio".

A ópera italiana no século XVIII

A definição da ópera como gênero ocorre a partir da segunda metade do século XVII e um dos fatores mais relevantes para esta solidificação é a abertura, em 1637, em Veneza, da primeira temporada operística em um teatro público (no Teatro San Cassiano). Até então, os primeiros experimentos de ópera eram conhecidos somente pelo público interno das cortes, como é o caso dos intermédios florentinos de 1589 ou do *Orfeo de Monteverdi e Striggio*, de 1607. No século XVIII se definem, a partir desta mesma matriz, três gêneros diferentes de espetáculo musical: a ópera cômica (*buffa*), a ópera séria e o balé.

O público passa a ser pagante e não mais convidado, a ópera se torna um produto comercial, mas, como nos diz Franco Piperno (1887): "As instituições teatrais e os espetáculos públicos com bilheteria eram públicos, mas não populares". A maioria da plateia era composta por aristocratas e cidadãos ricos que alugavam camarotes particulares por toda a temporada de ópera e os personalizavam com móveis e tapeçarias. O *parterre* era ocupado pela burguesia local, por cidadãos comuns e por servos que acompanhavam as pessoas dos camarotes.

Com a abertura das temporadas de ópera em teatros públicos, um novo sistema de produção se cria, um sistema inicialmente semelhante ao da *commedia dell'arte* (a primeira forma moderna de teatro profissional): espetáculos públicos, com bilheteria, em teatros alugados. As trupes de comediantes perdem boa parte de seus espaços físicos, mas é principalmente no imaginário que a ópera ganha terreno. Outro fator importante é a possibilidade de réplica dos espetáculos a partir de 1637, o que quase não ocorria com os espetáculos de corte e de viagem, como é o caso das companhias itinerantes (Bianconi-Walker, 1975). O teatro musical começa a fazer parte da vida urbana italiana e, aos poucos, se torna um produto de exportação *made in Italy*. Teatros de ópera séria à italiana e com companhias inteiramente italianas ocupam toda a Europa, com alguma exceção na França, que manteve a tradição autóctone da *tragédie lyrique*.

Desde os primórdios um complexo sistema de produção, de cooperação intensa entre cenógrafos, dramaturgos, músicos, coreógrafos e outros profissionais com diferentes competências técnicas, se estruturou. Cantores e cantoras, desde o século XVII, conquistaram um posto de destaque nesta cadeia de produção, sacralizados com apelidos de divas e divos. É exatamente deste sistema de produção que nos fala Benedetto Marcello, um sistema com suas repetições, vícios e lugares-comuns.

O fenômeno da ópera italiana tem como um de seus principais palcos a cidade de Veneza, que possuía, em 1642 (ou seja, somente cinco anos após a abertura do Teatro San Cassiano), 7 teatros públicos e, no final do século, nada menos que 18 teatros. A construção de teatros de ópera se torna, em toda a Itália, um fator-chave para a nova ordem urbana e civil, fazendo do teatro um ponto de encontro mundano, de discussão social, ideológica, de gostos. Os números da produção operística nesses anos são impressionantes: entre 1701 e 1745, os teatros de Veneza encenaram mais de 450 óperas diferentes, das quais 8 entre 10 eram óperas sérias, enquanto as outras eram óperas cômicas ou pastorais (Wiel, 1897).

O frontispício

A linguagem satírica do texto de Marcello se inicia a partir do próprio frontispício original do livro. O artigo de Gian Francesco Malipiero (1930) é o primeiro estudo esclarecedor sobre essa misteriosa capa. Os diversos estudos concluíram que cada nome em letras maiúsculas presentes na capa representa uma personalidade ligada à produção operística do período de Marcello; alguns nomes são escritos tal qual verdadeiramente são e outros passam pela inversão de sílabas. A lista de correspondências seria a seguinte:

Borghi: Caterina Borghi, cantora de Bolonha.
Belisania: Cecilia Belisani, também cantora de Bolonha.
Aldiviva: o compositor Antonio Vivaldi.

Licante: Caterina Canteli, cantora de Bolonha.
Orso: o empresário Orsatti, do Teatro San Moisè.
Peata: Senhor Modotto, empresário do Teatro Sant'Angelo, que antes respondia pela alcunha de Senhor de Peata (embarcações venezianas da época).
Strada: Anna Maria Strada, cantora de câmara.
Corallo: nome artístico da cantora Antonia Laurenti.
Porta: Giovanni Porta, compositor de ópera e diretor do coro do Conservatorio della Pietà.[1]
Palazzo: Giovanni Palazzi, libretista.
Orlando: Giuseppe Maria Orlando, empresário veneziano.

O fato de Marcello citar diversas cantoras de Bolonha não é uma coincidência; na realidade, desta cidade provinha grande parte das cantoras para os teatros venezianos deste período. A maioria dos nomes relacionados acima tem uma relação com a produção musical de Antonio Vivaldi; por isso,

---

1 Esta era uma instituição para meninas órfãs e contava com um importante coro sob a direção de Antonio Vivaldi.

alguns estudiosos veem o texto de Marcello como uma crítica direta a Vivaldi e à sua produção.

A gravura (um urso, um nobre e um anjo em uma gôndola repleta de mantimentos) também traz referências interessantes. Essa imagem parece fazer alusão a um fato citado no próprio texto de Marcello (no capítulo dedicado aos empresários), no qual ele sugere uma fuga do empresário, com todo o dinheiro do teatro, que seria usado para comprar mantimentos. O urso faria referência ao empresário Orsatti e o anjo seria Vivaldi, considerado quase sócio do Teatro Sant'Angelo até 1718, quando passou para um teatro mais famoso, o San Moisè (onde era empresário o próprio Orsatti). O nobre remador seria o empresário Modotto, do Teatro Sant'Angelo.

Esta chave de leitura que nos oferece Malipiero faz com que o livro se torne, de certo modo, uma polêmica direta contra Antonio Vivaldi, o que para Sergio Durante (1988) poderia diminuir seu valor como documento e testemunho de uma prática e da ideologia do teatro. Durante arremata: "Ao ironizar todos, Marcello no fundo não fere seriamente ninguém".

A tradução e a edição

A presente edição é provavelmente a primeira tradução do texto de Marcello para a língua portuguesa. O principal critério usado para esta tradução foi o da maior clareza possível; o italiano de Benedetto Marcello, complexo e muitas vezes pouco claro para um leitor contemporâneo, é rico de duplos sentidos e de referências literárias. Mantivemos na tradução a particularidade do texto de Marcello, os infinitos "etc" que permeiam sua escritura, característica estilística e, ao mesmo tempo, reveladora de uma grande ironia.

As falas da cantora e da mãe da cantora são escritas por Marcello em dialeto bolonhês; para traduzir esses trechos fez-se essencial a participação de um filólogo, sendo assim, contamos com a importante colaboração do professor da Universidade de Pavia, Claudio Vela. O texto da tradução foi revisto por Celso Araújo.

As notas de rodapé se referem a palavras ou expressões que aparecem uma só vez no texto. Para as palavras de uso corrente organizamos um pequeno glossário, apresentado ao final desta edição.

Do escritor do livro ao seu próprio autor

Munus, et officium, nil scribens ipse, docebo:
Unde parentur opes...[1]
HORAT., *Lib. de Art. poet.*

A vós, queridíssimo compositor deste libreto, dedico este livreto.[2] Assim sendo, para vosso prazer e para aliviar-vos das aborrecedoras apreensões, ditei este livro em prosa cômica e com frases muito coloquiais (para que seja bem compreendido). Eu só poderia endereçá-lo a vós; afinal, ele era já de sua propriedade antes mesmo que eu o terminasse.

---

1 [Sem escrever nada de próprio, ensinarei ao poeta o seu dever e suas obrigações].
2 No original, existe uma ambiguidade nesta frase, pois a palavra *"libretto"*, em italiano, quer dizer tanto o "libreto de ópera" como "pequeno livro". Lembramos que este texto foi impresso originalmente como um panfleto.

Quero ainda ter a esperança de que o presente texto não seja desagradável ou de pouco gozo a quem normalmente frequenta os teatros, já que aqui estão recolhidos muitos dos mais admiráveis elementos que servem para se obter sucesso nas realizações cênicas modernas. Se aparecerem caluniosos contra mim, espero, confiando em vós, que sabereis convencê-los e aplacá-los. Sei, infelizmente, (para dizer a verdade) que a muitas pessoas as críticas aqui feitas não agradam. Estas dirão que este meu trabalho foi inútil e em vão; e dirão que sou um desprezador das virtudes modernas. Mas, se assim for, nos divertiremos ao ver que algumas pessoas, que se reconhecerão nos defeitos que narrarei, acharão que me pus a escrever pensando nelas. Destas exatamente vós rireis. Enquanto isso, ó meu amigo fiel, recebei de bom grado este meu presente como algo dado por alguém que sem vós não pode viver, e estejais saudável, se não quiserdes me ver doente. Adeus.

Aos libretistas

Em primeiro lugar, o poeta moderno não deverá ter lido, nem lerá nunca, os antigos autores latinos ou gregos. Afinal, nem mesmo os antigos gregos ou latinos leram os modernos.

Não deverá tampouco demonstrar nenhum conhecimento da métrica e do verso italiano, somente alguma noção superficial - que o verso se forma de sete ou onze sílabas - e com esta regra poderá compor, a seu bel-prazer, versos de 3, de 5, de 9, de 13 e até de 15 sílabas.

Vangloriar-se-á de ter completado todos os estudos de matemática, de pintura, de química, de medicina, de lei etc., atestando que, no fim, o gênio o conduziu com violência à poesia, não querendo dizer com isso o bom modo de acentuar, rimar etc., etc., nem os termos poéticos, nem as fábulas, nem as histórias. Introduzirá nas suas óperas alguns termos das ciências supracitadas, ou de outras que não tenham nada a ver com a instituição poética.

Chamará então Dante, Petrarca, Ariosto etc., de poetas obscuros, ásperos e tediosos e, consequentemente, nada ou pouco imitáveis. Será, porém, bem provido de várias poesias modernas, das quais copiará sentimentos, pensamentos e versos inteiros, chamando o furto de "imitação louvável".

Antes de escrever o drama, o libretista moderno pedirá ao empresário uma lista com a quantidade e qualidade das cenas que o empresário deseja presentes na ópera e, assim, as encaixará no drama. Se tiverem que entrar cenografias de sacrifício, banquetes, descidas de deuses à Terra[1] ou de outros espetáculos, irá falar com os operários para combinar a quantidade de diálogos, monólogos, árias etc. que ele deverá usar para alongar as cenas antecedentes, dando-lhes o tempo necessário para preparar cada coisa. Mesmo que com isso a ópera perca sua força e o público se entedie exageradamente.

---

1 No original, "céus na terra", que se refere a diferentes intervenções divinas, conhecidas como *deus ex machina*.

Conceberá a ópera inteira sem ter um plano na cabeça, escrevendo verso por verso. Assim o público, sem entender a trama, ficará com curiosidade até o final. É muito importante que o poeta moderno ponha em cena várias vezes todos os personagens da ópera juntos, sem um propósito claro, e depois os faça sair de cena um a um cantando a ária de sempre.

O poeta não procurará saber da habilidade dos cantores, mas é muito importante saber se o empresário tem à sua disposição um bom urso, um bom leão, um bom rouxinol, bons raios, terremotos, trovões etc.

Introduzirá uma cena magnífica e de aparência curiosa ao final da ópera, para que o público não saia na metade, concluindo com o habitual coro em honra ou do Sol ou da Lua, ou do empresário.

Se ele dedicar seu texto a alguma grande personalidade, procurará que esta seja preferencialmente mais rica que culta. Combinará dar um terço dos frutos da dedicatória ao mediador, seja este o cozinheiro ou o mordomo do sujeito em questão. Procurará saber por meio destes a quantidade e a qualidade dos títulos com os quais deve adornar o nome do patrocinador na capa, acrescentando depois dos tais títulos alguns etc. etc. etc. etc. Exaltará ainda a família e as glórias dos antepassados do tal senhor, usando na "epístola dedicatória" os termos "liberalidade", "alma generosa" etc. Se ele não encontrar na pessoa (como muitas vezes acontece) motivos para elogios, dirá que "se cala para não ofender a modéstia de Sua Excelência, mas que a fama, com suas cem trombetas sonoras, espalhará de um polo a outro o seu nome imortal". Concluirá dizendo que, por ato de profunda veneração, beija os saltos das pulgas das patas dos cães de Sua Excelência.

Será muito útil que o libretista faça uma "nota aos leitores", afirmando que compôs a ópera nos anos de juventude. Melhor ainda será se acrescentar de tê-la feito em poucos dias (mesmo se ele tiver trabalhado nela por anos). Tudo isso seria típico de um bom moderno, mostrando que se afasta do antigo dito: *Nonumque prematur in annum* etc. etc.[2]

Em tal caso, poderá ainda declarar ser poeta somente por diversão, com a desculpa de assim se

---

2 Horácio, *Ars Poetica*, v.388. Tradução: "Que sua obra fique guardada por nove anos".

aliviar das preocupações mais graves; e que estava longe de publicar a sua fadiga, mas que conselhos de amigos e comando dos patrões o levaram a fazê-lo, nunca com desejo de fama ou esperança de lucro. Dirá ainda que espera que a virtude dos cantores, a célebre arte do compositor da música e a destreza dos comparsas e do urso corrijam os defeitos do drama.

Na exposição do tema, no prefácio, fará um longo discurso sobre as regras da tragédia e da arte poética, copiando Sófocles, Eurípides, Aristóteles, Horácio etc., adicionando ao final que "convém ao poeta moderno abandonar todas as boas regras para agradar o gosto do século decadente, a corrupção do teatro, a extravagância do maestro, a arrogância dos cantores, os caprichos do urso, dos figurantes etc.".[3]

É importante que não seja negligenciada a famosa explicação dos três pontos fundamentais para

---

[3] Os textos antigos de poética eram vastamente discutidos desde o nascimento da ópera. Desde o princípio, existiam discordâncias sobre seguir ou não as regras sugeridas por estes textos, principalmente as aristotélicas.

qualquer drama: as unidades de lugar, tempo e ação. Significando o lugar: no tal teatro; o tempo: das 2 da noite às 6;[4] a ação: o extermínio do empresário.

Não importa que o tema da ópera seja historicamente verdadeiro. Aliás, já que todas as histórias gregas e latinas foram usadas pelos antigos gregos e latinos e pelos melhores italianos do "bom século", é incumbência do poeta moderno inventar uma fábula, onde simular-se-ão respostas de oráculos, naufrágios realistas, animais sacrificados que trazem má sorte etc. Basta que pelo menos um nome histórico de pessoa seja conhecido do público, todo o resto será uma invenção livre, observando acima de tudo que os versos não devem ser mais de 1.200, incluindo as arietas.

Para dar ainda mais reputação à ópera, o poeta moderno deverá fazer com que o título descreva a ação principal da mesma e não o nome de um personagem, ou seja, em vez de *Amadis, Bovo, Berta al campo*, que use expressões como *A ingratidão generosa, Os funerais por vingança, O urso no barco* etc.

---

4 A hora era contada a partir do pôr do sol.

Os acidentes da ópera serão: prisões, punhais, venenos, cartas, caças de ursos e de touros, terremotos, flechas, sacrifícios, acertamentos de contas, loucuras etc. E com coisas assim nunca vistas o público ficará imensamente comovido. Se lhe for possível pôr uma cena em que alguns personagens estejam sentados e outros dormindo num bosque ou num jardim e alguém tenta tirar-lhes a vida, sendo que estes acordam antes que o fato se complete[5] (o que nunca se viu no teatro italiano), isto seria como chegar à extrema maravilha.

O libretista moderno não deve se preocupar muito com o estilo literário do drama. Ele deve se lembrar de que seu trabalho será escutado e compreendido pela multidão e, para que seja mais inteligível, deve omitir os habituais artigos em frente aos nomes, empregar os períodos longos que afinal são pouco usados e também uma linguagem florida ao fazer versos para recitativos ou árias.

Terá em mãos uma grande quantidade de velhas óperas, das quais usará a trama e o cenário da ação e

---

5 Este é um *topos* recorrente na dramaturgia do século XVIII.

trocará somente os versos e os nomes de alguns personagens. Fará o mesmo ao transportar os dramas de língua francesa, da prosa ao verso, do trágico ao cômico, acrescentando ou retirando personagens de acordo com as necessidades do empresário.[6]

Usará muitas artimanhas ao escrever óperas; se for o caso, se unirá a outro poeta, do qual pegará emprestada a trama e escreverão juntos os versos. Tudo isto como pacto de repartir o ganho dos lucros da dedicatória e da venda do libreto ao público.

Não deixará absolutamente que um cantor saia de cena sem a costumeira arieta, principalmente se por consequência do drama o personagem sair de cena para morrer, matar-se, beber veneno etc.

Nunca lerá toda a ópera ao empresário, mas repetirá várias vezes a leitura das cenas do veneno, do sacrifício, das cadeiras, do urso ou dos acertos de contas. Ele jurará que, se aquela tal cena lhe falhar, nunca mais escreverá óperas.

---

6 Na realidade, esta era uma prática comum na produção operística: a adaptação do espetáculo para o teatro e para a companhia de cantores.

Aconselha-se que o bom poeta moderno não entenda nada de música, sendo que tal inteligência era reservada aos antigos poetas, segundo Estrabão, Plínio, Plutarco etc., os quais não separaram o poeta do músico, nem o músico do poeta, como foram Anfião, Filamão, Demodocos, Terpandro etc. etc. etc.

As arietas não deverão ter nenhuma relação com os recitativos, mas convém introduzir, nas mesmas, palavras como: *farfaletta, mossilino, rossignuolo, quagliotto, navicella copanetto, gelsomino, violazotta, cavo rame, pignatella, tigre, leone, balena, gambaretto, dindiotto, capon freddo*[7] etc., para que assim o poeta se faça notável como bom filósofo, diferenciando com distinção as propriedades dos animais, plantas, flores etc.

Antes que a ópera estreie, o poeta deverá elogiar os cantores, a música, o empresário, os instrumentistas, os figurantes etc. Se a ópera não tiver sucesso, ele deverá pôr a culpa nos cantores que não representam conforme a sua intenção porque pensam

---

7 Nomes de animais, plantas e coisas, a maioria no diminutivo, provavelmente usados para salvar uma rima.

somente em cantar; no *maestro di cappella*, que não compreendeu a força das cenas, pensando somente em fazer as arietas; no empresário, que por excessiva economia levou a ópera em cena com pouca dignidade; nos instrumentistas e figurantes que estavam bêbados todas as noites etc.; reclamando ainda que tinha composto o drama de outra maneira e que foi obrigado a tirar e pôr de acordo com quem comanda e, especialmente, por conta da prima-dona incontentável e do urso. Ameaçará mostrar o drama no original, pois na forma atual mal pôde reconhecê-lo como sendo seu, e que se não acreditarem que perguntem à serva ou à lavadeira de sua casa, que antes de qualquer outra pessoa leram e consideraram o texto etc.

Nos ensaios da ópera, o libretista nunca dirá suas intenções cênicas a nenhum dos atores, pensando sabiamente que, de qualquer forma, eles farão tudo do jeito deles.

Se algum personagem, por conveniência da ópera, não aparecer o bastante, o papel será rapidamente aumentado segundo requisição da virtuose ou de seu protetor. Ele terá sempre algumas centenas de arietas preparadas para poder trocar, adicionar etc., não se esquecendo de preencher o livro de versos ociosos assinalados com aspas.[8]

Se numa cena na prisão estiverem marido e mulher e um dos dois for levado para o sacrifício, o outro indispensavelmente deve ficar em cena para cantar uma arieta, que deverá ter letra alegre para aliviar a tristeza do público e para fazer-lhes compreender que todas as coisas são de mentira.

Se dois personagens se falam amorosamente, tramam um complô ou uma emboscada etc., deverão fazê-lo sempre em presença dos pajens e dos figurantes. Se um personagem tiver de escrever uma carta, o poeta fará com que levem uma escrivaninha com cadeira em cena e mandará que sejam igualmente retiradas depois de escrita a carta, pois assim não parecerão ornamentos da cena. O mesmo fará com o trono, as cadeiras, o sofá, os bancos de jardim etc.

Nas salas reais, colocará danças de jardineiros e, nos bosques, danças de cortesãos; sendo que a dança

---

8 É comum encontrar em libretos de ópera versos entre aspas. São versos que foram acrescentados para uma específica representação e que se tornam versos *ad libitum*.

de Pirro[9] pode entrar na sala, no pátio, na Pérsia, no Egito etc.

Se o poeta moderno perceber que o cantor pronuncia mal, nunca deverá corrigi-lo, pois se o virtuose corrigir-se e falar o texto como ele é, poderá diminuir o êxito de venda dos libretos.

Se alguns personagens lhe perguntarem por qual lado devem entrar, sair, mover os braços e como se devem vestir, o poeta dirá que entrem, saiam, se movam e se vistam como bem quiserem.

Se a métrica dos versos das árias não for do agrado do maestro de música, o libretista os modificará rapidamente, introduzindo ainda nas árias, de acordo com o desejo do mesmo: ventos, tempestades, neblinas, ventos meridionais, orientais e do norte.

Muitas das árias deverão ser tão longas que na metade delas não será possível lembrar-se do início das mesmas.

A ópera deverá ser representada por somente seis personagens, sendo que dois ou três papéis

---

9 Segundo Andrea D'Angeli (1927), esta pode ser uma referência à ópera *Pirro*, de Apostolo Zeno. Neste caso, o nome correto seria "dança de Pirro".

serão compostos de forma que, se houver a necessidade de eliminá-los, a trama não se arruíne.

O papel de pai ou de tirano (quando for a parte principal) deverá sempre ser cantado por *castrati*; aos tenores e baixos ficam reservados os capitães de guarda, confidentes do rei, pastores, mensageiros etc.

Os poetas de pouca fama terão durante o ano empregos em tribunais, escritórios de contabilidades, superintendências econômicas, como copistas de folhetos de propaganda, como revisores de impressões, falarão mal um do outro etc. etc. etc.[10]

O poeta pedirá ao empresário um camarote e alugará a metade de suas cadeiras muitos meses antes que a ópera estreie, cobrando como se todas as récitas fossem a estreia; a outra metade das cadeiras dará a amigos que ele conduzirá ao camarote sem pagar a entrada.

Visitará frequentemente a prima-dona; afinal, dela depende o êxito da ópera, boa ou ruim. O drama deve ser ajustado segundo o caráter dela, pondo

---

10 Segundo dados demonstrados por Fabrizio Della Seta (1987), os libretistas recebiam pagamento menor que o dos compositores.

ou cortando cenas suas, do urso ou de outros personagens etc. Mas deve ter cuidado para que ela não conheça a trama da ópera, pois a virtuose moderna não necessita saber nada. Serão informados sobre a trama a senhora mãe, o pai, o irmão ou o protetor da mesma.

Visitará o *maestro di cappella* e lerá para ele o drama várias vezes e avisará onde o recitativo deve ser lento, onde deve ser rápido, onde apaixonado etc., sendo que o compositor moderno não levará nada em consideração. O poeta também pedirá que nas árias sejam feitos breves ritornelos e coloraturas (especialmente repetições do texto), para que a poesia seja mais bem apreciada.

Será muito educado com os instrumentistas, costureiros, urso, pajens, figurantes etc., pedindo a todos especiais cuidados com a sua ópera etc. etc. etc.

Aos compositores de música

O compositor moderno de música não deverá ter nenhum conhecimento das regras de composição, com exceção de alguns princípios universais de música.

Não entenderá as proporções numéricas musicais, nem o ótimo efeito dos movimentos contrários, nem os resultados ruins dos trítonos e dos hexacordes maiores. Não saberá quais e quantos são os modos, nem como estes são divididos, nem as propriedades dos mesmos. Aliás, dirá que existem somente duas tonalidades: maior e menor; ou seja, maior é aquela com a terça maior, enquanto a menor tem a terça menor; ignorando o que os antigos queriam dizer com tonalidade maior e menor.

Não fará distinção entre os gêneros diatônico, cromático e enarmônico, mas confundirá todos os três em uma mesma *canzonetta*, de propósito. Com tal confusão moderna ele se distinguirá dos autores antigos.

Usará a seu bel-prazer os acidentes maiores e menores, confundindo irregularmente os sinais destes. Servir-se-á igualmente dos sinais enarmônico e cromático, dizendo que são a mesma coisa, pois os dois sobem a nota de um semitom menor. Assim sendo, será completamente alheio ao fato de que o cromático deve sempre estar entre tons para dividi--los e o enarmônico somente entre semitons, sendo que a sua propriedade especial é a de dividir os semitons maiores e nada mais. Esta e outras coisas similares o *maestro di cappella* moderno, como dito antes, deve inteiramente ignorar.

Por isso, saberá ler pouco e não saberá escrever; consequentemente, não compreenderá a língua latina, mesmo que precisasse compor para a igreja, podendo introduzir sarabandas, gigas, correntes etc., às quais chamaria de fugas, cânones, contrapontos duplos etc.[1]

---

1 Segundo D'Angeli (1927), esta é uma sátira sobre o uso de danças profanas disfarçadas de obras contrapontísticas na música de igreja.

Quando discutir sobre teatro, o compositor moderno não saberá dizer nada sobre poesia, nem entenderá o sentido das frases, nem a diferença entre sílabas longas e breves, nem de dramaturgia etc. Se ele for cravista, não terá conhecimento das características dos instrumentos de cordas ou de sopro; se tocar instrumentos de cordas, não tentará nem mesmo conhecer o cravo, convencido de que é possível compor bem à maneira moderna sem nenhuma prática deste instrumento.

Não será nada mau se o maestro moderno tiver sido por muitos anos violinista, violista ou copista de algum compositor famoso, do qual conservará originais de óperas, serenatas etc., roubando deste e de outros ideias de ritornelos, sinfonias, árias, recitativos, folias, coros etc.

Antes de receber o libreto do poeta, o compositor indicará ao mesmo os metros poéticos e a quantidade de versos para cada ária que deseja, requerendo ainda que ele mande copiar o texto em caracteres legíveis, que não faltem pontos, vírgulas, interrogações etc. Ele próprio, ao compô-la, não terá nenhuma atenção nem com os pontos, nem com as interrogações, nem com as vírgulas.

Antes de começar a compor a ópera, visitará todas as virtuoses, às quais dirá ser servo de suas vontades; ou seja, que fará árias sem baixos, de *furlanette*, de *rigadoni* etc., mas com violinos, urso e figurantes em uníssono.

Não lerá a ópera inteira de uma só vez para não se confundir. Ao compor, fará verso por verso, pedindo que o libretista faça mudanças em todas as árias, servindo-se de motivos musicais compostos durante o verão; e se as novas palavras da tal ária não se encaixarem bem nas notas (o que pode acontecer), atormentará de novo o poeta até que fique completamente satisfeito.

Comporá todas as árias com instrumentos,[2] cuidando para que toda parte proceda com notas ou figuras do mesmo valor, sejam estas colcheias, semicolcheias ou fusas. Para bem compor à maneira moderna, ele deverá buscar mais estrondo que harmonia, a qual consiste principalmente no uso de diferentes valores rítmicos e na alternância de notas ligadas e

---

2 Provavelmente, Marcello se refere à tradição de árias com instrumento *obbligato*, ou seja, com um ou mais instrumentos solistas.

separadas etc. Aliás, para evitar tal harmonia, o moderno compositor deverá usar somente suspensões de quarta e terça na cadência; e se com isso parecer que ele esteja seguindo o estilo antigo, fora de moda, concluirá a ária com todos os instrumentos em uníssono.

Aconselha-se ainda que as árias sejam ora alegres, ora tristes até o final da ópera. Isso sem seguir nenhuma cautela em relação às palavras, às tonalidades, às convenções teatrais. Se na ária aparecerem nomes próprios, como *padre, impero, amore, arena, regno, beltà, lena, core* etc. o compositor moderno deverá compor longas agilidades, assim como em *senza, già* e outros advérbios, tais como *Paaaa... Impeeee... Amoooo... Areeee... Reeee... Beltàaaa... Lenaaaa... Coooo...* etc. *Noooo... Seeeen... Giàaaa...* etc. Tudo isto para se distanciar do estilo antigo, que não usava agilidades em nomes próprios nem em advérbios, mas sim em palavras que significavam alguma paixão[3] ou movimento, como "tormento", "angústia", "canto", "voar", "cair" etc. etc. etc.

---

3 Entende-se aqui como paixões da alma: a ampla gama de sentimentos humanos.

Nos recitativos, as modulações não devem seguir nenhuma regra e o baixo deve mover-se com a maior frequência possível. Assim que compuser cada cena, se o compositor for casado com a virtuose, mostrará para a esposa, se não ao servo ou ao copista etc.

Longos ritornelos devem preceder as arietas, com violinos em uníssono, de preferência em semicolcheias e fusas, e estes serão tocados em *mezzo piano*, para que pareçam uma novidade e sejam menos enfadonhos. As árias que seguem os ritornelos não devem ter nenhuma relação com os mesmos.

As arietas deverão prosseguir sem a linha do baixo; e, para que o cantor permaneça na tonalidade, se fará um acompanhamento com violinos em uníssono, sendo que as violas tocarão algumas notas do baixo; mas isto é *ad libitum*.[4]

Quando o cantor estiver na cadência, o maestro parará a orquestra, deixando ao virtuose ou à virtuose o arbítrio para demorar na cadência o quanto quiser.

---

4 Em música, diz respeito a algo que pode ser omitido por decisão do executante.

Não se esforçará muito ao compor duetos ou coros e ainda tentará que estes sejam suprimidos da ópera.

O maestro moderno dirá ainda que compõe coisas de baixo nível e com muitos erros para satisfazer a audiência. Condenará assim o gosto dos ouvintes, que se contentam com o que ouvem, mesmo não sendo boas composições, pois não lhes dão a chance de ouvir o que há de bom.

Cederá seus serviços ao empresário por pouquíssimo dinheiro, em relação aos milhares de escudos que custarão os virtuosos cantores da ópera; mas advertirá que se contenta com o pagamento inferior desde que não seja mais baixo que o do urso ou o dos figurantes.

Quando o compositor caminhar acompanhado dos virtuosos, especialmente com os *castrati*, dará a eles sempre a mão direita e, segurando o chapéu na outra mão, caminhará um passo atrás, lembrando sempre que o mais inferior entre eles é, na ópera, pelo menos um general, um capitão do rei, da rainha etc.

Acelerará ou diminuirá o tempo das árias ao gosto dos virtuosos, aguentando todas as indelicadezas deles, com a consciência de que sua própria reputação, crédito e interesse estão nas mãos deles, e por isso trocará, se necessário, árias, recitativos, sustenidos, bemóis, bequadros etc.

As cançonetas deverão se formar sempre das mesmas coisas, ou seja: ornamentações longuíssimas, de síncopes, de semitons, de alterações de sílabas, de repetições de palavras que não significam nada, como *amore amore, impero impero, Europa Europa, furori furori, orgoglio orgoglio* etc. etc. etc. Para tal fim, ao compor a ópera, o compositor deverá ter em mãos uma lista dos nomes acima, sem os quais não fará nem mesmo uma arieta. Tudo isso para não cair em possíveis variações, coisa que não se usa mais.

Quando o recitativo terminar numa armadura com bemóis, a ária se iniciará com um, três ou quatro sustenidos na armadura, retomando depois o recitativo em bemol, tudo isto em nome da novidade.

O maestro moderno confundirá os sentimentos e significados das palavras, especialmente nas árias, fazendo com que o cantor cante o primeiro verso (mesmo que sozinho este não signifique nada) e depois introduzirá um longo ritornelo de violinos, violas etc. etc.

Adverte-se ao maestro moderno que, se este der aulas a alguma virtuose da ópera, deve fazê-la pronunciar mal as palavras. Para facilitar isto, ensinará uma grande quantidade de *sprezzature* e de coloraturas, para que o público não entenda nenhuma palavra, fazendo com que a música seja mais perceptível e compreendida.

Quando os violinos tocarem sem o cravo ou contrabaixo, fazendo assim a linha do baixo, não importa se as notas que eles fizerem cubram a linha de quem canta, o que acontece muito, principalmente nas árias de contraltos, tenores e baixos.

O maestro moderno deverá ainda compor cançonetas, especialmente para contralto ou *mezzo* soprano, em que os baixos toquem a mesma melodia uma oitava abaixo e os violinos dobrem uma oitava acima. E escreverá na partitura todas as três partes, dizendo que é uma composição "a três", mesmo que, na verdade, se trate de uma única linha melódica dobrada uma oitava abaixo e outra acima.

Se o compositor moderno quiser compor para quatro vozes, duas delas indispensavelmente deverão ser conduzidas em uníssono ou em oitavas, diferenciando-se somente no andamento do motivo, por exemplo: se uma voz for escrita em semínimas ou colcheias, a outra será em semicolcheias ou fusas etc.

O baixo em colcheias será chamado pelo maestro moderno de "baixo cromático", afinal, ele não conhece o significado do termo "cromático".[5] Observando ainda (como foi dito acima) que não entenderá nada de poesia, pois tal conhecimento era reservado aos músicos antigos, como Píndaro, Arion, Orfeu, Hesíodo etc., os quais, segundo Pausânias, eram excelentes poetas e músicos; sendo assim, o compositor moderno deve se esforçar para se distanciar deles etc.

Ele divertirá o público com arietas acompanhadas de instrumentos em *pizzicato*, surdinas, trompas marinas, *piombè* etc.

O compositor moderno exigirá do empresário (além dos honorários) um poeta de presente para poder usar como bem queira. Assim que a ópera estiver composta, mostrá-la-á a amigos que nada

---

5 Em italiano, existe um jogo de palavras, pois as colcheias se chamam *"crome"*.

entendam sobre ópera e com as opiniões destes mudará ritornelos, coloraturas, apojaturas, sustenidos enarmônicos, bemóis cromáticos etc.

Adverte-se ao compositor moderno que não esqueça o costumeiro recitativo com um baixo em progressão cromática ou com a orquestra. Para isso, obrigará o poeta (presenteado pelo empresário como dito acima) a escrever uma cena de sacrifício, de loucura, de prisão etc.

Nunca fará árias somente com baixo *obbligato*, argumentando que, além de não estarem mais em voga, por conta do tempo que se gasta para compor uma ária dessas, ele pode compor uma dúzia com acompanhamento de instrumentos.

Caso ele decida compor uma ária com baixo, o mesmo deverá se formar de no máximo duas ou três notas separadas ou ligadas como um pedal de órgão. As vozes do meio deverão ser copiadas de alguma peça velha.

Se depois o empresário reclamar da música, o compositor protestará dizendo que ele pôs na ópera um terço de notas a mais que o normal e gastou quase cinquenta horas para compô-la.

Se as virtuoses não gostarem de alguma ária, o compositor dirá aos seus protetores que convém escutá-la no teatro, com os instrumentos, com as roupas, com as luzes, com os figurantes etc.

Depois do fim de cada ritornelo, o maestro deverá dar um sinal com a cabeça aos virtuoses para que entrem em tempo, pois, devido ao tamanho e à complexidade do ritornelo moderno, os cantores nunca saberão quando entrar.

Algumas árias serão compostas em estilo de árias de baixo, mesmo que sejam mais adequadas para contraltos e sopranos.

O maestro moderno obrigará o empresário a arrumar uma grande orquestra com violinos, oboé, trompas etc., fazendo economizar os gastos dos contrabaixos, já que estes servem somente para a afinação inicial da orquestra.

A sinfonia consistirá em um movimento no estilo francês ou num prestíssimo de semicolcheias em tonalidade maior, seguindo-se o habitual piano da tonalidade relativa menor, concluindo finalmente com um minueto, gavota ou giga, novamente na tonalidade maior. Assim o compositor pode se livrar de escrever fugas, suspensões, temas etc., que são coisas antigas e fora dos costumes modernos.

O maestro cuidará para que as melhores árias sejam cantadas sempre pela prima-dona e, se for necessário encurtar a ópera, ele não permitirá que eliminem árias ou ritornelos, mas de preferência que sejam suprimidas cenas inteiras do recitativo, do urso, dos terremotos etc.

Se a *seconda donna* reclamar que tem menos notas que a prima-dona, ele tentará consolá-la, comparando o número de coloraturas nas árias, apojaturas, ornamentos e trilos etc. etc. etc.

O maestro moderno usará árias antigas compostas em outros países. Fará profundas homenagens aos protetores das virtuoses, amantes de música, locadores de cadeiras, figurantes, operários etc., mostrando respeito a todos.

Se for necessário trocar as cançonetas, nunca as trocará por algo melhor. Se alguma ária não fizer sucesso entre o público, dirá que era uma verdadeira obra-prima, mas que foi "assassinada" pelos cantores e não compreendida pelo público etc. Nas árias sem acompanhamento do baixo, ele apagará as velas que ficam em cima do cravo para não esquentar demais a cabeça e as reacenderá nos recitativos.

O compositor moderno será muito atento a todas as virtuoses da ópera, presenteando-lhes com cantatas velhas transpostas para suas vozes e dirá a cada uma que a ópera só está em pé graças às suas virtudes; o mesmo dirá a cada cantor, a cada instrumentista, a cada figurante, urso, terremoto etc.

Fará entrar em todas as récitas amigos seus, mascarados,[6] sem pagar; os mascarados ficarão sentados no meio da orquestra, dispensando algumas vezes o violoncelo ou o contrabaixo para a comodidade dos mesmos.

Todos os maestros modernos mandarão pôr no programa, abaixo dos nomes dos personagens, as seguintes palavras: "A música é o do sempre supercelebérrimo Senhor N. N., *maestro di cappella*, de concertos, de câmera, de baile, de esgrima etc. etc. etc."

---

6 Em Veneza no século XVIII, o uso de máscaras era costume também fora do carnaval, especialmente entre os nobres, como um sinal de *status*. Este hábito era controlado por leis; entre elas, uma é especialmente curiosa: feita em 1776, obrigava as mulheres a usarem máscaras no teatro para não serem confundidas com as prostitutas, que ficavam nos camarotes com os rostos descobertos.

Aos cantores

O virtuose moderno nunca terá solfejado, nem nunca solfejará para não cair no perigo de ter a voz segura, de afinar corretamente ou de cantar no andamento certo etc. Afinal, tais coisas estão fora de moda.

Não é muito necessário que o virtuose saiba ler, escrever, pronunciar bem as vogais, diferenciar as consoantes simples e duplas, entender o significado das palavras etc.; mas deve confundir significados, letras, sílabas etc., para fazer coloraturas de bom gosto, trilos, apojaturas, longuíssimas cadências etc. etc. etc.

O virtuose deverá buscar ter sempre o papel principal. Ele pedirá ao empresário que escreva em seu contrato que ele ganhará um terço a mais do que realmente receberá, isso para não perder sua reputação.

É bom que ele se acostume a dizer que está sem voz, que há muito tempo não canta, que está sofrendo de gripe, dor de cabeça, de dente, de estômago etc.; estas são coisas típicas de um bom virtuose moderno.

Reclamará sempre do seu papel, dizendo que dramaticamente não combina com ele, que as árias não são suficientemente difíceis etc. Assim sendo, substituirá alguma ária por uma de outro compositor, dizendo que numa tal corte, onde vive uma grande personalidade (não deve dizer o nome), essa ária recebia todos os aplausos e que era repetida até 17 vezes por récita.

Cantará *piano* nos ensaios e nas árias, usará o andamento à sua maneira. Nos ensaios no teatro, terá uma mão no *giustacuore*[1] e a outra na *scarsella*,[2] observando acima de tudo que nas *messe di voce* não se compreenda nem mesmo uma sílaba.

Estará sempre com um chapéu na cabeça para não se resfriar, mesmo se algum personagem importante lhe dirigir a palavra. Ao cumprimentar alguém, não inclinará nunca a cabeça, lembrando que ele representa príncipes, reis, imperadores etc.

---

1 Corpete da roupa masculina, muito justo, abotoado na frente e longo até os joelhos.
2 Bolsa de couro pendurada no cinto.

Cantará no teatro com a boca semiaberta e com os dentes cerrados; em suma, fará o possível para que não se ouça nem mesmo uma palavra do que diz. Estará atento nos recitativos para não fazer pausas nos pontos nem nas vírgulas. Quando estiver em cena com outro personagem que estiver fazendo um monólogo ou cantando uma ária, ele cumprimentará as pessoas no camarote, sorrirá para os instrumentistas, para os figurantes etc. Assim o público entenderá claramente que ele é o senhor Alípio Forconi, cantor, e não o príncipe Zoroastro, o qual interpreta.

Enquanto a orquestra toca o ritornelo de suas árias, o virtuose se retirará da cena, cheirará um pouco de rapé, dirá aos amigos que está sem voz, pois está gripado etc. Ao cantar, a ária estará tão bem que na cadência poderá demorar o quanto quiser, compondo ornamentos e trilos à vontade, pois o maestro tirará as mãos do cravo e pegará o tabaco para esperá-lo com calma. Em tal caso, o cantor deverá respirar mais de uma vez, antes de concluir com um trilo, o qual estudará para executar rapidíssimo e sem prepará-lo com a *messa di voce*, procurando cantar as notas mais agudas possíveis.

O virtuose moderno atuará extravagantemente, pois não entenderá nada sobre os significados das palavras. Ele não planejará nenhum gesto ou movimento e entrará sempre pelo mesmo lado que a prima-dona ou em direção ao camarote dos músicos.

Quando repetir a ária *da capo*, modificará a ária inteira ao seu modo, mesmo que a mudança não tenha nada a ver com o baixo ou com os violinos e que seja necessário alterar o andamento. Como foi dito anteriormente, o compositor da música já estará conformado com tais mudanças.

Se o virtuose representar um papel de prisioneiro, de escravo etc., deverá aparecer maquiado exageradamente com pó de arroz, com uma roupa cheia de joias, um elmo altíssimo, espada e correntes bem longas e reluzentes, batendo-as e rebatendo-as o tempo todo para induzir o público à compaixão etc.[3]

Procurará ter a proteção de alguma grande personalidade para poder se dedicar: virtuose de corte, de câmera, de campo etc. de tal senhor.

---

3 Nesse período, era comum que os cantores tivessem uma forte influência nas decisões sobre seus figurinos, por isso tais discrepâncias.

Se o empresário tiver poucos meios, o cantor pedirá uma caução, o dinheiro das viagens e dos gastos; mas não podendo obtê-los, cantará mesmo assim, pedindo para si entradas para os espetáculos, aluguéis de camarotes, elogios, reverências etc.

Dificilmente o virtuose cantará em festas, mas, se isso acontecer, ao entrar, encarará logo o espelho, arrumando a peruca, puxando os punhos da camisa, levantando o lenço do pescoço para que se veja o famoso botão de diamante etc. Tocará então o cravo com preguiça e, cantando de cor, recomeçará várias vezes, como querendo dizer: "Simplesmente não consigo cantar hoje." Ao terminar, se sentará para conversar com alguma senhora (na esperança de obter alguns aplausos), contando-lhe acidentes de viagens, correspondências, manobras políticas etc. Depois, discutirá sobre a genialidade, suspirando com olhares sentimentais e jogará cachos de sua peruca para trás dos ombros sem parar. Oferecerá à senhora, a cada momento, rapé de uma caixinha diferente (na qual se verá o seu próprio retrato), mostrará o grande diamante minuciosamente trabalhado com coloraturas, cadências, trilos e algumas cenas dramáticas, sonetos, ursos assassinados etc. etc., sobre o qual dirá que foi encomendado por um importante protetor e que não pode dar-lhe de presente para não cometer um desrespeito ao seu protetor etc. etc.

Quando o virtuoso moderno passear com algum grande intelectual, nunca lhe deixará caminhar ao seu lado direito, tendo em mente que para a maioria das pessoas um cantor é sempre um virtuose, enquanto um intelectual é um ser humano comum. Aliás, tentará convencer o intelectual – seja ele filósofo, poeta, matemático, médico, orador etc. – a virar cantor, dizendo seriamente que aos cantores (além da grande posição em que estão) nunca falta dinheiro, enquanto os intelectuais quase sempre morrem de fome.

Se o virtuoso fizer, na sua maioria, papéis femininos, levará sempre na cintura uma bolsinha com pintas falsas, batom, espelhinho etc.; e fará a barba duas vezes por dia.

O virtuoso moderno pedirá um salário muito alto; afinal, tem que viver o ano inteiro como um capitão ou um general com seu exército, como príncipe, rei ou imperador com sua corte, ministros, secretários, conselheiros etc. Dará ao servo que andará consigo, generosamente, luvas, sapatos e meias, especialmente se este for de sua família. Enquanto o virtuose estiver falando com o empresário, o servo chamará num canto algum ponto, instrumentista ou cenógrafo para contar os grandes feitos do seu senhor Alípio, dizendo que o empresário deveria contratá-lo de olhos fechados, pois ele nunca cometeu nenhum erro por onde cantou, que é um incansável trabalhador, que nunca fica gripado, que tem novos trilos e cadências etc. etc.

Se o cantor for tenor ou baixo, poderá usar as sugestões acima, sendo que o baixo, ao cantar, deverá tenorizar com coloraturas e notas agudas e o tenor deverá descer o máximo possível nas notas do baixo, subindo com falsete até a região de contralto, sem importar-se se para isso a voz seja de nariz ou garganta.

Tenores e baixos deverão saber compor muito bem e substituirão suas árias quando se tratar de cantar óperas antigas. Em cena, marcarão o tempo com as mãos e com os pés.

Se o virtuose for contralto ou soprano, terá algum bom amigo que fale a seu favor nas conversas, que declare (em prol da verdade) que ele vem de uma família distinta e honrada, dizendo ainda que, por conta de uma perigosíssima doença, foi necessário fazer a castração, mas que ele tem um irmão leitor de filosofia, um outro médico, uma irmã é freira de ofícios, uma outra casada com um homem importante da cidade etc. etc. etc.[4]

Se o virtuose moderno, em cena, fizer um duelo e ficar ferido em um braço, continuará a ação como se o braço não estivesse ferido. Se em cena tiver que beber veneno, cantará com a taça na mão, girando-a para cima e para baixo, mostrando que já está vazia.

Ele terá uma reserva de movimentos de mãos, de joelhos e de pés, os quais usará em alternância do início ao fim da ópera.

Quando errar uma ária mais de uma vez ou não obtiver aplausos, ele dirá que a tal ária não é feita para teatro, que não se pode cantar etc., esperando que seja substituída; afinal, quem deve aparecer no teatro são os cantores, não o maestro.

---

4 Sabe-se que o motivo principal que levava as famílias a castrarem os filhos era a promessa financeira da carreira como cantor *castrato*, em voga especialmente durante o século XVIII.

Cortejará todas as virtuoses e seus protetores, sem perder a esperança de, por meio da virtude e da exemplar modéstia, conseguir obter títulos de conde, marquês, cavalheiro etc. etc. etc.

Às cantoras

Em primeiro lugar, a virtuose moderna deverá começar sua carreira no teatro antes de completar 13 anos. Ela não saberá ler bem; afinal, isto não é necessário para as virtuoses atuais. Por isso, deverá saber de cor algumas antigas árias de ópera, minuetos, cantatas etc., que cantará em todas as ocasiões possíveis. Nunca terá solfejado e nunca solfejará para não cair nos riscos já referidos ao virtuose moderno.

Quando o empresário lhe escrever cartas oferecendo papéis, ela não responderá imediatamente e, ao responder, dirá que não pode dar uma resposta tão cedo, pois tem outras ofertas para avaliar (mesmo não sendo verdade). Quando se resolver por fazer a ópera, exigirá ter o papel principal.

Se a virtuose não conseguir o que quer, concordará em ter o segundo, o terceiro ou até mesmo o quarto papel. Ela pedirá um contrato vantajoso, assim como o cantor. Se tiver um tio, irmão, pai ou marido que seja instrumentista, cantor, bailarino, compositor, etc., exigirá que ele também seja contratado.

Ela pedirá que lhe mandem a partitura o mais rápido possível, assim o maestro Crica lhe ensinará a cantá-la com variações, ornamentos, embelezamentos etc. Não entenderá de forma alguma o significado das palavras e nem procurará alguém que lhe explique.

Terá em família algum advogado ou doutor que lhe ensinará a mover os braços, bater os pés, mexer a cabeça, assoar o nariz etc. Sem, porém, explicações sobre como, quando e por que usar estes gestos; assim, ela se confundirá constantemente.

Ela pedirá ao maestro Crica que lhe escreva todos os ornamentos, variações e embelezamentos em um caderno especial para isto, que levará consigo por todos os lugares.

Nunca cantará para o empresário na primeira visita que ele lhe fizer, mas lhe dirá (sempre em presença da senhora sua mãe): "Me desculpe se não posso lhe servir desta vez, mas não pude dormir naquele maldito barco cheio de gente bagunceira e barulhenta. Tinham uns dois ou três que fumavam, o que me fez ter uma dor de cabeça que não passou ainda."[1] Continua a mãe: "Ó, meu caro senhor empresário, é cada inconveniência por que temos que passar nessas viagens!".

Quando o empresário voltar a visitá-la, trazendo consigo o maestro da ópera, depois de muitas cerimônias e desculpas, cantará a trivial cantata:

Impara a non dar fede
A chi fede ti giura, anima mia...[2]

E se não se lembrar de nenhum ornamento, pedirá à senhora sua mãe que tire do baú o caderno de ornamentos, os quais não cantará nunca no ritmo certo, e dirá: "Me desculpem, mas faz muito tempo que não canto esta peça, ainda por cima o cravo está afinado muito mais alto do que o normal, este

---

1 Todas as falas da cantora e de sua mãe são em dialeto bolonhês, pois grande parte das cantoras em Veneza, nesse período, provinha dessa cidade.
2 [Aprende tu a não confiares em quem te jura confiança, minha alma].

recitativo é melancólico demais, esta ária não é do meu gosto etc.", mesmo se a verdadeira dificuldade for não ter o maestro Crica para acompanhá-la.

Na metade da ária, a virtuose começará a tossir e a senhora mãe intervirá dizendo: "Na verdade, essa peça só chegou ontem, então ela está praticamente lendo à primeira vista, mas ela canta muito bem a ária do Giustino e Faramondo,[3] que é bem melhor que esta. Tem também aquela ária do *freddo* e do *caldo*, aquela que diz '*così, così, così*', aquela que faz '*non si può*', a cena do lenço, a cena do punhal, a cena de loucura... Essas ela canta maravilhosamente."

A virtuose procurará ter cartas de recomendação para visitar damas, cavalheiros, freiras etc. Estas cartas serão apresentadas no primeiro encontro, mas se as próximas visitas não resultarem em presentes, a virtuose não aceitará mais convites destes, em nome do "respeito".

---

3 O nome Giustino provavelmente se refere à ópera homônima, com libreto de Berengan e música de Legrenzi, representada em Veneza em 1683. E Faramondo refere-se à ópera com libreto de Apostolo Zeno, representada em Veneza em 1710.

Ela terá certamente mais proveito procurando algum rico e generoso comerciante, pois este lhe abastecerá de vinho, lenha, carvão, a convidará para o almoço e a esperará para jantar etc.

Se a hospedagem ficar por conta dela, a virtuose alugará um pequeno quarto, desde que esteja situado perto do teatro e, ao encontrar personalidades importantes, lhes dirá sempre: "O senhor me perdoe se o convido para esta habitação que mais parece um buraco! Mas preciso me acomodar como posso para poder ficar bem perto do teatro. De qualquer forma, na minha cidade, tenho uma casa, muito simples, mas frequentada por pessoas nobres".

Procurará ter um protetor particular e assíduo; e este se chamará senhor Prócolo. Assim como o cantor, ela sofrerá constantemente de tosse, resfriado, gripe, dor de cabeça, de garganta, dor nas ancas etc., reclamando sempre: "Mas que cidade é esta? Com este ar que me deixa a cabeça pesada como um tijolo... O pão e o vinho daqui são tão ruins e tenho tanta dor no estômago que estou para morrer de vez!".

Se o poeta for com o empresário ler a ópera para a virtuose, esta ouvirá somente as partes em que seu papel aparece. E ainda exigirá mudanças, pondo e tirando versos de recitativos, cenas de lamento, delírios, desesperos etc. etc. etc.

Chegará sempre atrasada aos ensaios. Ao chegar, de mãos dadas com o senhor Prócolo, cumprimentará todos à sua volta com piscadelas de olhos, o que será condenado pelo senhor Prócolo. A esta provocação, ela responderá bruscamente: "Que caretas são estas? E este ciúme sem lógica? Estás louco? Não sabes que faz parte da profissão? Já estou cheia do senhor no meu pé!".

Nunca cantará suas árias no primeiro ensaio. Cantará as cadências e ornamentos ensinados pelo maestro Crica somente no ensaio geral no teatro. Fará a orquestra voltar *da capo* várias vezes, pedindo que as árias sejam mais lentas ou mais rápidas, conforme forem os ornamentos.

Faltará constantemente aos ensaios e mandará a senhora mãe em seu lugar para pedir desculpas, dizendo: "Tenham piedade, senhores; minha filha não dormiu nem um minuto esta noite por causa dos terríveis barulhos na rua. Nem mesmo todas as carroças de Bolonha juntas fazem tanto ruído!

A casa, para piorar, está tão cheia de ratos que era só ela começar a dormir que os bichos começavam a molestá-la como diabinhos! E tem mais! Quase de manhã, ela perdeu sua touca de dormir e não a encontrou mais; assim, pegou uma terrível gripe e acho que passará o dia inteiro sem sair da cama."

A virtuose reclamará sempre do seu figurino, dizendo que é pobre, que não está na moda e que já foi usado por outras. E exigirá do senhor Prócolo que mande refazê-lo, obrigando-o a um vaivém entre costureiro, sapateiro e peruqueiro.

Logo que a ópera estrear, ela escreverá cartas aos amigos, dizendo que foi mais aplaudida que os outros, que pedem bis de todas as suas árias, dos seus recitativos, das suas cenas, do seu assoar de nariz etc. E que a tal cantora que prometia arrasar mal foi notada por conta de seu péssimo trilo, por ter uma voz fraca, ser ruim de cena etc. etc. e que morreu de inveja dos aplausos recebidos pelas outras.

Cantará todas as árias marcando o ritmo com o leque ou com os pés. Se a virtuose representar o papel principal, exigirá que sua mãe tenha o melhor lugar no camarote dos cantores e lhe pedirá que leve consigo lenços brancos de seda, pantufas, soluções para gargarejar, agulhas, pintas artificiais, batom, bolsa de água quente, luvas, pó de arroz, espelhinho, o caderno de ornamentos etc. etc.

Nas árias, a virtuose deve prolongar ao máximo a última sílaba de cada palavra, como *dolceeee... favella-aaa... quellaaaa... orgoglioooo... sposoooo...* etc. etc. e se ela perceber que está desafinando ou que não está no ritmo etc., dirá: "Este maldito cravo está afinado mais alto que o normal! É culpa desses atores do *intermezzo* que acham que a ópera só está em pé por conta deles! E essa orquestra é pior que tocadores de rua, os músicos não começam nem mesmo uma ária no andamento certo!".

Antes de entrar em cena, cheirará sempre um pouco de rapé dado por seu protetor, pelos amigos ou por algum figurante que a venere. Ao sair do teatro em companhia dos amigos, pedirá lenços para cobrir-se do ar frio, dizendo depois à senhora mãe: "Olha bem de quem são esses lenços, depois quero que a senhora os devolva para quem me emprestou."

Em cena, deverá repetidamente levantar ora o braço direito ora o braço esquerdo e mudar continuamente o leque de uma mão para a outra. Cuspirá sempre que uma pausa da ária permitir. Cantará continuamente com a cabeça, boca e pescoço tortos. Quando representar um papel masculino, se esquecerá de pôr uma das luvas (da mão esquerda ou direita), colocará várias pintas falsas no rosto e se esquecerá da espada, do elmo ou da peruca antes de entrar em cena. Enquanto um outro personagem com o qual ela está contracenando canta uma ária, a virtuose (como dito anteriormente para o cantor) cumprimentará as pessoas nos camarotes, sorrindo para o maestro, para os instrumentistas, figurantes, pontos etc. Depois, abanará o leque na frente do rosto para que todos saibam que ela é a senhorita Giandussa Pelatutti e não mais a imperatriz Filastrocca, a qual representa, mesmo se fora do teatro conservar o caráter majestoso de imperatriz.

Ela dirá sempre que, depois do fim do Carnaval,[4] se casará e que já está prometida a um ilustre cidadão. Se alguém lhe perguntar quanto é seu cachê,

---

[4] A temporada operística veneziana era relacionada ao Carnaval, mas, na realidade, se iniciava no dia 26 de dezembro (festa de São Estêvão), estendendo-se até a Quinta-Feira de Cinzas.

ela dirá que é bem pouco, mas que mesmo assim ela está na ópera para ser ouvida e apreciada. Não recusará a ajuda de protetores e amigos de qualquer posição social, nação, profissão, fortuna etc.

A prima-dona dirigirá a cena de toda a companhia. Se a virtuose cantar um papel secundário, obrigará que o libretista faça com que ela seja a primeira a entrar em cena. Quando receber a partitura, contará o número de notas e de palavras que canta e, se perceber que tem um número inferior ao da prima-dona, obrigará o libretista e o maestro a igualá-las. Não cederá de forma alguma no que diz respeito ao tamanho da cauda do vestido, ao balé, às pintas falsas, aos trilos, ornamentos, cadências, protetores, papagaios, coruja, outros bichos de estimação etc.

Ela irá visitar ora um ora outro camarote, reclamando aos amigos: "Ah, esse papel que eles me deram não é feito para mim! E, ainda por cima, esta noite não consigo abrir direito a boca... Isto nunca me aconteceu! E como eles acham que se pode cantar e atuar com uma música que parece possessa? E se o empresário ou o maestro não estiverem satisfeitos, que venham eles mesmos cantar, que já estou cheia! E se eles não me deixarem em paz, vou dizer aonde eles devem ir! Não tenho nenhum medo do mau humor deles e tenho quem me proteja!".

A virtuose fará cadências que duram horas e horas, sendo que (como foi dito sobre o cantor) respirará várias vezes no meio delas, tentando cantar as notas mais agudas possíveis. Quando chegar ao trilo fará a típica entortada de pescoço. Quando o maestro lhe perguntar sobre a sua extensão vocal, ela dirá sempre ter duas ou três notas acima e abaixo do que na realidade tem.

Fará entrar grátis consigo, todas as noites, 10 ou 12 amigos mascarados, além do senhor Prócolo e vários outros Prócolos e do seu diretor de cena; tudo isso para garantir o seu grande sucesso nos aplausos.

Quando a virtuose, em casa, cantar para o empresário uma cena com dois personagens (tocando o cravo e fazendo a cena ao mesmo tempo), chamará a senhora mãe, o protetor ou a serva de casa para fingir ser o segundo personagem.

Irá ver os ensaios gerais dos outros teatros e aplaudirá os virtuoses quando todos estiverem em silêncio, assim todos notarão a sua presença. Depois dirá a quem estiver ao seu lado: "Por que é que nunca me dão aquela ária com aquele recitativo ou aquela cena do punhal ou aquela do veneno ou aquela do lamento de joelhos? Olha como aquela grande virtuose, a quem pagam 5.555 liras, estraga tudo, cantando essas notas moles! Eu nunca tenho essa sorte! Ganho somente papéis absurdos, monólogos intermináveis, assim não posso nunca mostrar minhas habilidades!".

Quando receber a partitura da próxima ópera, mandará rapidamente as arietas (copiadas sem a linha do baixo, para facilitar) ao Maestro Crica, para que ele lhe escreva os ornamentos e as variações etc. E o Maestro Crica, sem saber as intenções de tempo do compositor e como são os baixos e os instrumentos, escreverá na linha abaixo das árias tudo o que lhe vier à cabeça; em grande quantidade, para que a virtuose possa variar a cada récita.

Quando for elogiada, a virtuose dirá sempre que está sem voz, que não sabe cantar, que está fora de prática etc. Antes de partir de sua cidade, pedirá ao empresário a metade do cachê dizendo que precisa de dinheiro para pagar a viagem, vestir o protetor, fazer a provisão de estofos de enchimento para roupas, de trilos, apojaturas etc. etc. E levará consigo seu papagaio, sua coruja, um gato, dois cachorrinhos, uma cadela prenha e outros animais aos quais o senhor Prócolo deverá dar comida e bebida durante a viagem.

Se alguém lhe perguntar sua opinião sobre outra virtuose, ela dirá: "Só a conheço de vista, nunca tive a oportunidade de trabalhar com ela." Mas se tivesse cantado com ela, diria: "Prefiro me calar ao invés de falar mal de uma colega, mesmo porque ela tinha um papelzinho insignificante... Só cantava três árias, mas cortaram duas delas depois da segunda récita. E, depois, ela é tão gorda que parece um saco em pé e, ainda por cima, é estrábica e em cena é uma ladra. Ela é invejosa e fica furiosa quando aplaudem os outros! Aliás, ela nem é mais jovem, mesmo que seu protetor e sua mãe tentem espalhar o boato de que ainda é uma menininha... Aliás, a última vez que ela cantou em público não foi muito bom para a sua reputação..."

A prima-dona não prestará nenhuma atenção à *seconda donna*, nem a *seconda donna* à *terza donna* etc. Não as escutará enquanto cantam suas árias, retirando-se para cheirar rapé dado pelo protetor, para assoar o nariz, olhar-se no espelho etc. etc.

Se à virtuose for dado um papel que não lhe caia bem, ela dirá que a culpa é de quem está dividindo a cena com ela, que não lhe passa bem as deixas. Se não lhe for dado um bom papel, ela dirá que foi assassinada pelo libretista e pelo compositor, mesmo que ambos saibam de seu talento, atestado pelo senhor Prócolo.

Nunca fará o que manda o empresário. Reclamará do papel, chegará atrasada aos ensaios, desistirá de cantar várias árias etc.

Quando lhe presentearem com sonetos em sua honra, ela os pendurará na "sala do cravo". Os sonetos gravados em seda serão costurados um ao lado do outro (mesmo se as cores não combinarem entre si) pela senhora mãe, para fazer toalhas de mesa, lenços etc. Mandará ao protetor o libreto, as árias, os sonetos, epigramas e retalhos de seu figurino, caso este não a acompanhe durante a temporada. Antes de começar cada arieta, olhará atentamente para o maestro ou para o primeiro violinista, esperando que eles lhe deem o sinal para sua entrada.

A virtuose moderna se esforçará para cantar as árias com variações diferentes em cada récita, mesmo se estas não funcionarem como baixo. Não é necessário que cante afinada com os violinos, pois o maestro moderno é surdo e mudo. Quando a virtuose não souber mais o que variar nas árias, tentará fazer ornamentos durante o trilo. Esta é a única coisa que as virtuoses modernas ainda não fizeram.

Nos duetos, nunca cantará junto ao seu parceiro, atrasará nas cadências e se exibirá num longo trilo. Deixará claro que não quer nenhuma ária que termine em *piano*, pois quer receber gritos do povo de "Viva!" e "Boa viagem!".

Nunca lerá o libreto da ópera, já que (como foi dito anteriormente) a virtuose moderna não entende o conteúdo do texto. No desfecho, na cena final, será ótimo que ela não esteja atenta e comece a rir.

Em árias e recitativos de ação, ela deverá usar em todas as récitas os mesmos movimentos de mãos, cabeça, leque etc. Assoará o nariz no mesmo momento e com o mesmo lenço que mandará ser trazido pelo pajem em alguma cena dramática.

Se a personagem feita pela virtuose estiver em cena com outro personagem que estiver acorrentado e para o qual ela canta uma ária de fúria, no momento do ritornelo ela falará com ele, rirá, mostrará amigos nos camarotes etc.

Sempre que numa ária aparecerem as palavras "cruel", "traidor", "tirano" etc., ela olhará para seu protetor no camarote ou atrás das cortinas. Nas outras árias que dizem "querido", "minha vida" etc., ela olhará para o ponto, para o urso ou para algum figurante.

Em qualquer tipo de ária, seja esta *presto*, patética, *allegre* etc., colocará um novíssimo ornamento de tresquiálteras, de fusas. Fazendo assim, fugirá da possibilidade de diversificar no canto, hábito já fora de moda. Quanto mais aguda for a voz da soprano mais fácil será obter o papel principal.

Ela chorará rios de lágrimas (de inveja profissional) a cada aplauso para outro personagem, urso, terremoto etc. Ela exigirá que o senhor Prócolo lhe faça um soneto em homenagem a cada ária sua.

Se a virtuose tiver que representar um papel de homem, a senhora mãe dirá: "Ah, nisso todos devem sucumbir à minha filha! Sei que não sou eu quem devia dizer, mas foi com este tipo de papel que minha filha ganhou uma fama imortal. Sei que ela é um pouco corcunda e gorducha, mas em cena ela fica reta como uma vara e graciosa como uma pedra preciosa! Ela é esguia, tem um par de pernas tão benfeitas que parecem dois pilares e caminha muito graciosamente. Quem quiser, pode se informar sobre como ela cantou bem o papel do tirano no ano passado, em Lugo,[5] onde se fazem aquelas grandes óperas e onde todo o público enlouqueceu por ela!".

A virtuose saberá mais os papéis dos outros que o seu próprio e os cantará nos bastidores durante as cenas. Tentará atrapalhar os outros cantores enquanto cantam, fazendo bagunça com o urso, com os figurantes etc. Se o senhor Própolo cumprimentar, falar ou aplaudir outra jovem cantora, a virtuose lhe chamará a atenção violentamente, dizendo: "Vai parar com esse negócio ou vou ter que bater no seu queixo e depois quebrar essa sua cara horrível com meus punhos até não aguentar mais, velho maluco? Não lhe basta uma cantora só, o senhor

---

5 Cidadezinha entre Bolonha e Ravena.

quer dar uma de mosca às escondidas com todas? Mas sei bem o que fazer com aquela enxerida para que ela cuide de sua vida! É melhor que ela fique na sua, pois eu sou tão atrevida que posso bater-lhe a partitura na cara até que vire um papel desfiado!".

Aos empresários

O empresário moderno não deve saber nada sobre as coisas relativas ao teatro e não conhecerá música, nem poesia, nem pintura etc.

Contratará maquinistas, maestros, bailarinos, costureiros e figurantes, pagando-lhes pouco, com a desculpa de ter que economizar para poder pagar os cantores (principalmente as prima-donas), o urso, o tigre, os raios e trovões, os terremotos etc.

Ele escolherá um protetor para o teatro e com ele irá buscar as cantoras que chegarem de outras cidades. Assim que estas chegarem, ele as entregará para o protetor do teatro junto com seus papagaios, cães, corujas, pais, mães, irmãos, irmãs etc.

Ele pedirá ao libretista que escreva muitas cenas surpreendentes e, especialmente, que encerre cada ato com uma cena do urso. Pedirá ainda que a ópera termine com um casamento ou com a descoberta de personagens desaparecidos, graças a oráculos ou pelo reconhecimento de uma estrela em seu peito, de um lenço, de uma pinta no joelho, na língua, na orelha etc. etc.

Tão logo o empresário receba o libreto, irá visitar a prima-dona e lhe pedirá que o leia. Em tal caso, junto à virtuose, participarão da leitura seu protetor, seu advogado, os pontos, um porteiro, alguns figurantes, o costureiro, o copista da ópera, o urso, o servo do protetor etc. Durante a leitura, cada um dará a sua opinião e apontará erros; o empresário dirá sempre que serão resolvidos.

Entregará o libreto ao compositor no dia 4 do mês e lhe dirá que quer estrear no dia 12. Para acelerar o trabalho, ele sugerirá que o compositor não dê importância às passagens incompreensíveis, nem às quintas e oitavas paralelas, nem aos uníssonos etc.

Contratará os cenógrafos, os costureiros e os bailarinos, sem na verdade se preocupar pela qualidade dos serviços prestados por estes, pondo sua inteira confiança na prima-dona, nos *intermezzi*, no urso, nos trovões, terremotos etc. O papel do "filho" será sempre dado a um cantor com 20 anos a mais que a "mãe".

Terá sempre próximos ao manuscrito da ópera seus olhos, uma ampulheta, um metro e outras coisas para medir a duração da mesma. E para medir os trilos da virtuose ele terá consigo um alqueire e um copo de medidas.

Quando alguém reclamar sobre seu personagem, o empresário dará ordens ao poeta e ao compositor de mudar o que for necessário para satisfazer a quem reclamou.

Dará entradas grátis ao médico, ao advogado, ao farmacêutico, ao barbeiro, ao carpinteiro, aos compadres, amigos e suas famílias; assim, o teatro nunca estará vazio. Para a mesma finalidade, dirá às virtuoses, aos virtuosos, ao maestro, aos instrumentistas, ao urso e aos figurantes que levem a cada récita uns cinco ou seis amigos que poderão entrar sem bilhete.

Escolherá a segunda ópera da estação somente quando a primeira já estiver sendo encenada. Suportará com paciência as insolências dos cantores, pois estes, nas vestes de príncipes, reis ou imperadores, podem se vingar em cena do empresário, desafinando ou não cantando alguma ária etc.

A maior parte da companhia deverá ser constituída de mulheres. Se duas virtuoses competirem para ter o papel principal, o empresário dirá ao poeta que escreva dois papéis com a mesma quantidade de árias, versos e recitativos e que até os nomes dos personagens devem ter o mesmo número de sílabas.

Ao final da récita, quando pagar o contrabaixista e o violoncelista, descontará do pagamento as notas não tocadas nos *da capo*, quando têm pausa. Para o mesmo fim, dirá ao compositor que escreva todos os *da capo* sem nem mesmo uma nota do baixo. Ele usará moedas com peso abaixo da norma para pagar os cantores que estiverem gripados ou que desafinarem etc.

Ele deve contratar cantores que custem pouco, normalmente jovens cantoras estreantes. Estas devem ser mais bonitas que boas cantoras e assim terão abundância de protetores. Assim que se apossar do teatro, ele alugará os camarotes, os lugares ao lado da orquestra, a galeria e o bar, e assim pagará o aluguel de sua casa com pontualidade e comprará provisões de vinho, lenha, carvão, farinha etc. para o ano inteiro.

Pagará as viagens às virtuoses forasteiras; assim poderá ter certeza de que elas irão. Prometerá a cada uma delas uma boa hospedagem perto do teatro, comida e roupa limpa, mas depois as alojará num quartinho (desde que seja perto do teatro) cheio das coisas ditas anteriormente. Espalhará pela cidade murmúrios sobre as virtudes da cantora e assim logo aparecerá um protetor que o aliviará dos gastos com a mesma.

Se alguém perguntar ao empresário sobre a companhia, ele responderá que "é uma companhia unida, onde não existe ódio". Ele salientará que tem uma cantora que fará um papel de homem que é uma maravilha, um novo urso, raios, trovões, tempestades e ainda uma cantora bufa que é muito graciosa e um cantor bufo que ele conseguiu contratar por quase nada, mas que, na realidade, custaria caríssimo, pois é um dos melhores cantores bufos da cidade.

O primeiro ensaio da ópera se dará na casa da prima-dona, que depois deverá ser repetido na casa do advogado do teatro. Se algum cantor lhe pedir alguma garantia do cachê, ele responderá que não pode garantir que o público vá gostar dele.

Nas noites em que venderem poucas entradas, o empresário permitirá que os virtuoses cantem as árias pela metade, que não façam recitativos, que riam em cena, deixará que os instrumentistas não ponham resina nos arcos, que o urso tire uma folga, que os figurantes fumem com o rei, com a rainha etc.

Se os cantores reclamarem sobre o pagamento, o empresário pedirá ressarcimento de todas as notas desafinadas, de todas as péssimas cenas e das gripes que eles pegaram. Visitará sistematicamente todas as virtuoses, pedindo-lhes que tomem cuidado com o ar frio e lhes assegurará que toda a cidade adorará as suas roupas de cena, as pintas falsas e os leques. Dirá que logo receberão sonetos dedicados a elas trazidos em pratinhos de prata e que não importa se elas cantam desafinado ou se pronunciam mal as palavras, desde que não esqueçam as marcações de cena.

Pedirá ao maestro que faça árias sensacionais e alegres logo depois de cenas dramáticas. Não terá problemas em contratar uma virtuose casada e grávida, especialmente se na ópera tiver alguma rainha ou imperatriz grávida etc. etc. etc. etc.

Aos instrumentistas

As coisas que o virtuose violinista mais saberá fazer são: a barba, cortar calos, pentear perucas e compor música. Ele terá aprendido a tocar violino em bailes, sem ler música, e não terá um bom ritmo nem uma boa arcada, mas será rápido ao dedilhar o braço do violino.

Ele não prestará atenção ao maestro nem ao primeiro violino. Tocará somente com a metade de cima do arco, sempre forte, e fará as *diminuzioni*[1] que tiver vontade.

Quando o primeiro violino acompanhar sozinho alguma ária, correrá com o tempo e não acompanhará o cantor de forma alguma. Ao final da ária,

---

1 Nos séculos XVII e XVIII, a *diminuzione* é uma ornamentação da melodia por meio da introdução de notas de passagem, trilos, *gruppi* etc., resultando numa diminuição dos valores das notas.

tocará uma cadência longuíssima, já estudada antes, mas que parece improvisada, com arpejos, figuras a duas cordas etc. etc. etc.

Os violinos devem afinar todos juntos, sem nem mesmo ouvir o cravo ou os contrabaixos etc. etc. etc.

Algumas das instruções acima servem também para os violistas. O segundo cravista aparecerá somente no ensaio geral e aos outros ensaios mandará o terceiro cravista para lhe substituir. Este conhecerá somente as claves de soprano e de baixo. Nunca usará o polegar para tocar, nem olhará as cifras do baixo contínuo. Harmonizará o baixo sempre com uma sexta, nunca seguirá o maestro e concluirá todas as árias com uma terça maior etc. etc. etc.

O virtuose do violoncelo deverá conhecer somente as claves de tenor e de baixo. Nunca olhará as outras vozes da partitura, mesmo porque não saberá ler muito bem. Não prestará atenção às notas nem às palavras dos cantores.

Acompanhará os recitativos tocando uma oitava acima do escrito, principalmente nas árias de baixo ou tenor. Nas árias, dividirá a parte do baixo como bem entender e fará vários ornamentos (que a cada récita serão diferentes), mesmo que as variações não tenham nenhuma relação com a melodia do cantor ou do violino.

Os contrabaixistas tocarão sentados e com luvas. Eles não precisam afinar a última corda do instrumento e colocarão resina somente na metade de cima do arco. Quando o terceiro ato estiver quase acabando, eles colocarão seus instrumentos num canto e irão para casa etc. etc. etc.

Oboés, flautas, trompetes, fagotes etc. tocarão sempre desafinados ou subindo a afinação.

Aos maquinistas e cenógrafo

Os maquinistas de cena competirão para servir os empresários ao menor preço e, assim, conseguirão o contrato por toda a temporada de óperas. Quando um maquinista obtiver o trabalho, ele contratará a mão de obra de pintores comuns, pagando-lhes menos de dois terços do que ganhariam e estes ainda farão um trabalho que vale um terço do que receberão.

O maquinista e o cenógrafo modernos não devem entender nada de perspectiva, arquitetura, desenho, claro-escuro etc. Assim, cada cenário de arquitetura será feito com quatro ou seis pontos de perspectiva, cada um em um lugar diferente, e esta variedade agradará muito aos olhos do espectador.

Colocará um tecido majestoso em cima das telas usadas nas duas primeiras cenas, que não será retirado depois, mesmo em cenas de bosques ou jardins, evitando que os cantores peguem uma gripe por estarem ao ar livre.

As mudanças de cena nunca serão feitas de uma só vez. O horizonte deve ser bem perto do público; assim, a parte do palco a ser iluminada é menor e no escuro serão usados os *neri di gezzo*.[1]

As salas, prisões, quartos etc. serão sem portas e sem janelas, pois os cantores entrarão diretamente pela porta do camarim. Não precisarão tampouco de luzes em cena, já que saberão de cor suas posições no palco.

Nas cenas de mar, campo, precipícios, subterrâneos etc., a cenografia não deverá ter rochas, pedras, grama, troncos etc., pois assim o cantor terá espaço para fazer sua cena. Se um personagem tiver que dormir em cena, lhe será trazido um sofá coberto de folhas, combinando com o ambiente e com um braço de um lado para que o virtuoso possa dormir apoiando a cabeça no cotovelo enquanto os outros cantam.

A luz deverá ser fraca no centro do palco e forte nos lados e no teto. Mesmo sabendo que o ar deve ser

---

[1] Trata-se provavelmente de *nero di giaietto*, um tipo de pedra brilhante usada para fazer ornamentos de roupas.

mais claro que qualquer objeto, o público não achará estranho ver uma fachada iluminada com um fundo escuro como a noite. Afinal, para iluminar o palco inteiro se gastaria uma quantidade exagerada de velas.

Se numa cena um trono for necessário, se fará um trono com três degraus, uma cadeira e um toldo que servirá para quando a prima-dona cantar. Se o trono for usado por tenores ou baixos, serão suficientes os três degraus e a cadeira.

O maquinista e o cenógrafo moderno devem usar cores fortes nas telas quanto mais estas se distanciarem do público; tudo isso para se diferenciar da escola antiga, que usava cores mais fracas nas telas quanto mais longe do público estivessem, assim o espaço pareceria maior. Já o maquinista e o cenógrafo modernos devem fazer de tudo para diminuí-lo.

Os salões reais deverão ser menores que as celas de prisões e que os quartos. As colunas deverão ser menores que os cantores, assim, no palco podem caber várias delas, para a alegria do empresário.

As estátuas não deverão ser construídas segundo as leis da anatomia, que serão, ao contrário, usadas na construção de árvores e fontes do cenário. Ao reproduzir navios antigos, se usarão modelos modernos; e, ao decorar salas que representam armas de Xerxes, Dário ou Alexandre, se usarão bombas, mosquetes, canhões etc. etc. etc.

A última cena será a mais estudada pelo maquinista e cenógrafo modernos. Deverá receber todos os aplausos possíveis, já que será vista por toda a multidão que entra no final do espetáculo sem pagar. A última cenografia deverá ser um resumo de todas as cenas da ópera, com mares, bosques, prisões, salões, quartos, fontes, navios, caças a ursos, tendas altíssimas, banquetes, raios, trovões etc. etc. etc. Tudo isto principalmente se a cena se chamar "no reino do sol", "da lua", "do poeta" ou "do empresário" etc. Não será nada mau se fizerem este tal "reino" descer do céu, todo iluminado e cheio de figurantes representando divindades de ambos os sexos, levando instrumentos e objetos alusivos às divindades. Aproximando-se o final da ópera, estes figurantes começarão a apagar as velas acima deles, por razões óbvias de economia etc. etc. etc.

Aos bailarinos

Os bailarinos falarão mal dos *intermezzi*. Eles nunca começarão nem terminarão a dança no momento certo.

Quando o empresário pedir uma nova dança, eles farão a mesma, mas com um novo acompanhamento. Usarão sempre os mesmo passos, contratempos e cadências; e dançarão um minueto sempre que tiverem que dançar uma dança de escravos, camponeses, gregos, uma furlana[1] ou de alguma outra nação.

Quando dançarem em pares, os bailarinos improvisarão em cena. Nas danças feitas por crianças, se deverá respeitar a seguinte ordem de entrada em cena: primeiro, os maiores; depois, os menores e,

---

1 Dança típica do Friuli.

por último, os pequeninos, que não devem ter mais de 3 anos. Estes últimos deverão dançar as danças guerreiras etc. etc. etc. etc.

Aos cantores bufos[1]

Os cantores de papéis bufos deverão pedir o mesmo cachê dos cantores de papéis sérios, principalmente se os primeiros copiarem melodias, ornamentos, trilos e cadências dos papéis sérios. Trarão consigo bigodes, cajados, tambores e outros adereços necessários para seu ofício, assim não sobrecarregarão os gastos do empresário (além de seus abundantes cachês).

Elogiarão infinitamente os cantores da ópera, a música, o libreto, os figurantes, as cenas, o urso, os terremotos etc., mas atribuirão a si mesmos o grande sucesso do teatro.

---

[1] Existia a prática dos *intermezzi* durante os séculos XVII e XVIII. Eram pequenas peças teatrais e musicais inseridas entre os atos da ópera, normalmente com temas cômicos; isso explica os cantores-atores bufos, ou seja, cômicos.

Farão o mesmo *intermezzo* em todas as cidades e exigirão que os cravos estejam afinados ao modo deles.[2]

Se algum *intermezzo* não receber aplausos, os cômicos porão a culpa nas pessoas da cidade, que não entendem o dialeto deles.

Eles acelerarão e atrasarão a música (principalmente nos duetos) por conta das palhaçadas[3] em cena e, quando se desencontrarem do andamento, porão a culpa na orquestra, apontando para ela e rindo para o público.

---

2 Ou seja, baixo, afinal não eram cantores com uma boa formação.
3 No original, *lazzi*. Da *commedia dell'arte* e são recursos cômicos usados em meio ao improviso.

Aos costureiros do teatro

Os costureiros do teatro estabelecerão com o empresário as roupas para todas as óperas da estação e depois visitarão os cantores e as cantoras para consultar seus gostos e mudar tudo de acordo com seus desejos. Dirão aos cantores que o dinheiro dado pelo empresário não basta para fazer o figurino e então lhes pedirão um complemento. Com o complemento farão suas próprias roupas e embolsarão o dinheiro dado pelo empresário.

O figurino será feito em vários pedaços e de material usado. O mais importante é que os costureiros façam uma calda longuíssima para as cantoras e belas panturrilhas falsas nas roupas dos cantores e, com isso, ganharão gorjetas.

Os vestidos estarão prontos na estreia, no momento em que estiver tocando a abertura da ópera, pois, se fossem entregues aos cantores com antecedência, teriam que refazê-los várias vezes. Sugerirão aos tenores e baixos que usem elmos cheios de penas coloridas etc. etc. etc. etc.

Aos pajens

Os pajens de 5 ou 6 anos pedirão roupas de tamanhos iguais às dos meninos de 14 ou 16 anos.

Pedirão também perucas louras para usar em cima dos cabelos escuros.

Um deles (se o drama pedir) fará o papel de filho e chorará em cena etc. Outros pajens não pararão quietos e arrastarão a calda do vestido da cantora em direção ao protetor. Comerão em cena etc. Na estreia, perderão as luvas, os lenços, o chapéu, a peruca etc. etc. etc. etc.

Aos figurantes

Os figurantes se vestirão sempre um com a roupa do outro e nunca prestarão atenção ao principal chefe de cena ou ao ponto.

Sairão do teatro todas as noites com sapatos, meias e botas da ópera e os sujarão pela rua e no dia seguinte pedirão ao chefe dos figurantes que os limpe.

Atormentarão por trás das cortinas os cantores, as cantoras, os protetores avaros, os convidados etc., chamando a cada uma das virtuoses de ilustríssima, às quais oferecerão rapé, cachimbo etc.

Nunca entrarão em cena ao mesmo tempo e na última cena aparecerão meio despidos etc.

O figurante que fizer o papel do leão, do urso, do tigre etc. exigirá ao poeta que sua cena seja no meio da ópera e nunca depois da ária da prima-dona etc.

Quando um figurante carregar mesas, cadeiras, sofás ou degraus para o trono situado no palco, colocará tudo ao contrário. Quando entregar uma carta em cena, o figurante dobrará o joelho direito e entregará a carta com a mão esquerda etc. etc. etc. etc. etc.

Aos pontos[1]

Os pontos serão os intermediários do empresário para o aluguel do bar do restaurante, camarotes etc. Também serão responsáveis em contratar o urso, os raios e os terremotos etc.

Chegarão aos ensaios antes do nascer do sol e adularão o poeta, o compositor, os cantores, o empresário, a borboleta, o maço de flores, o barquinho, o chapeuzinho etc. etc.

Eles serão responsáveis por organizar os horários de ensaios, descer os candelabros, acender as velas e dizer quando se inicia a ópera, gritando forte, do buraco embaixo da cortina, ao maestro: "já são 8 horas! São 8 horas, seu maestro!". etc. etc. etc. etc.

---

1 O ponto é um auxiliar de cena que, de um pequeno alçapão, recorda aos cantores o texto.

Aos copistas

Os copistas combinarão com o empresário uma certa quantidade de dinheiro por todo o trabalho de copiar a ópera e depois chamarão outra pessoa para executar o trabalho, pagando 6 dinheiros por página, incluindo nesse preço o papel, a tinta, as penas e o mata-borrão. Quando copiarem as partes separadas da ópera, errarão palavras, claves, acidentes etc. e deixarão páginas inteiras em branco.

Aos forasteiros interessados em comprar árias de óperas, venderão uns papéis velhos assinados falsamente por compositores famosos. Saberão compor, cantar, tocar, atuar etc. e farão com que qualquer ária de ópera fique com a cara de uma canção de gôndola.

Ao advogado do teatro

O advogado do teatro deixará que o empresário faça os ensaios em sua casa. Fará os contratos dos cantores, dos instrumentistas, dos operários de cena, dos figurantes, do urso e do libretista. Ele também servirá de juiz para decidir quais balés e quais *intermezzi* devem ser utilizados. Também intervirá para aplacar as brigas entre cantores e empresário. A cada récita, deixará entrar de graça vários amigos para garantir os aplausos etc. etc. etc.

Aos protetores do teatro

Os protetores do teatro irão, junto com o empresário, buscar as virtuoses e seus convidados na porta do teatro e farão entrar somente as pessoas que o empresário quiser etc. etc. etc.

Visitarão todos os dias as virtuoses e organizarão as hospedagens para aquelas que são estrangeiras. Durante os ensaios da ópera, se sentarão sempre ao lado da prima-dona ou do urso etc.

Aplacarão os nervos das cantoras raivosas com o maestro, com o empresário, com o sapateiro, com o costureiro etc. etc. etc.

Aos recebedores de bilhetes à porta

Os recebedores de bilhetes à porta do teatro e os soldados com as espadas enferrujadas serão cautelosos e rigorosos com suas responsabilidades em presença do empresário. Assim que este se retirar, farão entrar gratuitamente todos aqueles que lhes derem uma gorjeta.

Nunca entregarão ao protetor do teatro, ou a outra pessoa encarregada, todos os bilhetes recebidos na porta, mas os esconderão e os revenderão por um terço do preço, com a desculpa de querer encher o teatro.

Devolverão o valor do ingresso aos seus amigos, mesmo uma hora depois do início da ópera. Receberão quatro ingressos de uma mesma pessoa, que, saindo na metade do espetáculo, receberá todos os quatro ingressos de volta, mesmo se as outras três pessoas ficarem assistindo à ópera etc. etc. etc.

Aos bilheteiros

Os bilheteiros do teatro pesarão as moedas de ouro e de prata e dirão sempre que estão abaixo do peso oficial, mesmo se forem do peso certo. Quando derem o troco, descontarão a diferença do peso das moedas e ainda darão menos troco do que era de direito.

Se alguém com cara de estrangeiro vier perguntar o valor do ingresso, eles darão sempre um preço um pouco mais alto etc. etc. etc.

Aos protetores das cantoras

O protetor da virtuose será atentíssimo, ciumentíssimo, chatíssimo etc. etc. etc.

Não entenderá nada de música, mas acompanhará a cantora aos ensaios da ópera, sempre com a partitura embaixo do braço, bolsa de água quente, touca, papagaio, coruja de estimação etc.

Saberá de cor toda a parte da virtuose e a soprará para ela por trás das cadeiras. Discutirá sempre com o empresário e estará atento a não cumprimentar outra cantora que não seja a sua.

Presenteará o libretista e o compositor que der um bom papel para a cantora. Dirá aos pontos, pajens e figurantes que não olhem para ninguém mais enquanto ela estiver em cena. Dirá a todos que, em três ou quatro anos, ela cantou mais de sessenta óperas, que é um anjo nas boas maneiras, que não é interesseira, que vem de bom berço e que não se parece com as outras cantoras; e que, aliás, é uma pena que ela esteja nessa profissão.

Elogiará bem pouco as outras cantoras e os outros teatros onde a sua protegida não tenha cantado. Dirá sempre que o cachê da cantora normalmente é três vezes mais do que foi combinado na realidade. Usará casacos, coletes e meias forradas de ornamentos, trilos, arpejos e cadências da virtuose e lhe dará de presente um vestido novo e um relógio para o ensaio geral.

Estará sempre por perto da cantora, mesmo em cena, e terá sempre a postos balinhas, sal de frutas, uma nova ária, um espelhinho, a lista de cenas, frutas, perfumes etc. No caso em que sua cantora faça um papel secundário, exigirá que ela tenha pajens, trono, cetro e uma cauda de vestido longa como a da prima-dona etc. etc. etc.

Às mães das cantoras

As mães das cantoras estarão sempre junto às filhas, exceto quando as mesmas estiverem acompanhadas do protetor; aí então as mães se colocarão à parte para não serem indiscretas.

Quando acompanharem a filha para cantar para o empresário, as mães moverão a boca junto com as filhas e soprarão ornamentos e trilos. Se lhes perguntarem a idade da cantora, as mães diminuirão a idade de pelo menos dez anos. Se algum rapaz honesto, mas pobre, quiser se apresentar à casada cantora, a senhora mãe responderá sem hesitar: "A minha filhinha é pobre, sim, mas muito honrada e está nessa profissão pela falta de sorte da nossa família! Antes de tudo, tenho que casar minha outra filha, que já é noiva de um doutor; depois, tenho que tirar meu marido da prisão, ele é homem de muito bom coração e fez um empréstimo que agora eu tenho que pagar. E, aliás, nós não queremos nenhuma pessoa circulando na nossa casa. Se o senhor vir esses dois homens que andam por aqui é porque conhecem a nossa Giandussina desde bebê; um é advogado do meu marido e o outro é o padrinho da menina."

Se a virtuose for principiante, a senhora mãe dirá a todos que nos últimos dois anos ela cantou em trinta óperas; se estiver numa idade avançada, a mãe dirá que faz somente três anos que ela canta e que começou a cantar aos 13.

Durante os ensaios, nos inícios das árias da filha, a senhora mãe dará o tempo à orquestra, movendo as mãos. Enquanto a virtuose estiver cantando, ela acompanhará a música com a cabeça, com os olhos, com os pés, moverá a boca junto com a filha e, no final de cada ária, gritará o habitual "Viva!".

Quando voltarem dos ensaios para casa, a mãe ensinará para a filha onde fazer os trilos nas árias e como fazer as cenas. Se tudo der certo em cena, quando a filha entrar no camarim, a mãe a beijará e dirá: "Minha queridíssima filha, seja você mil vezes abençoada! Saiu tudo tão maravilhoso que as outras cantoras estavam comendo as unhas de raiva!". Mas se numa récita o trilo não funcionar ou numa cena dramática ela não bater o pé com força suficiente, a mãe gritará: "Mas olha só a minha boneca! Não fez o trilo direito e naquela cena dramática entrou parecendo um cachorro medroso! Ninguém sequer levantou as mãos para te aplaudir!".

Irá ao teatro em roupão, com um lenço bordado em seda com sonetos feitos em homenagem à filha em várias ocasiões ou, então, com uma capa tão longa que pareça ser do protetor. Ela ficará ao lado do palco, com soluções para gargarejo, cadernos com ornamentos e várias outras coisas que a cantora possa precisar. Se a filha estiver sem voz, a senhora mãe dirá que com um tempo como aquele o empresário não deveria fazer óperas e que isso pode arruinar a carreira dele e de sua filha etc. etc.

Enquanto a virtuose estiver cantando, a senhora mãe dirá aos operários, ao urso, aos figurantes etc.: "Para dizer a verdade, a minha filha sempre cantou o papel principal, de princesa, de rainha e de imperatriz. Cantou em tudo que é teatro importante, em

Cento, em Budrio, em Lugo e em Medesina.[1] Ela não é nem um pouco interesseira, gosta de todas as outras cantoras, mesmo não sendo correspondida, e tem tantas cantoras que só esperam a outra abrir a boca para começar a falar mal. Mas a minha é uma menina sabida e modesta e que aprendeu a fazer muitas coisas: sabe costurar, dançar, lutar esgrima e assobiar, além de cantar. Ela estudou gramática e até fuma em companhia do protetor para poder se adaptar à moda. Ela nunca abriu a boca para falar mal de uma pessoa, mesmo se para viver neste mundo seja necessário agir de outra maneira... Mas, mesmo assim, daqui a pouco, ela será famosíssima e será servida e adorada etc. etc. etc.".

Se alguma cantora receber mais aplausos que sua filha, ela gritará para a mãe da outra cantora no camarote: "Chega pra lá, senhora Giuliana, não precisa se esparramar toda só porque sua filha recebeu uns aplausinhos! Nem sei como isso pôde acontecer... Minha filha não tem presentes, nem caixas de prata para dar ao compositor e ao poeta e, por isso,

---

[1] Cidades pequenas próximas de Bolonha.

teve um papel tão infame! Se ela os tivesse convidado para almoçar ou dado a eles um relógio ou uma gravata bordada à mão por ela mesma, o papel teria sido melhor". E nisso a outra mãe responderá: "A senhora só fala de dinheiro! O que muito me surpreende! O que é isto? Não sei nada de presentes e de caixas de prata! Só sei que minha filha faz este papel e não precisou dar nada pro poeta nem pro compositor. E, senhora Sabatina querida, quer saber por quê? Porque tem que ser afinada, pronunciar corretamente as palavras, cantar bem os semitons e os grandes saltos que se usam muito agora, cantar no ritmo, ser boa de cena, não rir, nem fofocar com outro cantor no meio da cena, se quiser receber aplausos. Se tua filha começa a inventar ornamentos sem lógica e logo se perde, não pode pôr a culpa em uma terceira ou quarta pessoa". E a outra dirá: "Que história é essa de afinação, de cantar no ritmo, de inventar ornamentos? Minha filha não precisa desses teus conselhos! Ela já sabia cantar e tocar à primeira vista bem antes que a senhora mandasse sua filha estudar canto. Eu soube lá na nossa cidade que tipo de professor de canto a sua filha teve! Bem diferente do professor da minha. O da minha pedia um Luigi por mês para dar três aulas por semana e isso graças ao pedido de um senhor muito importante, pois ele não precisa mais de dar aulas para viver, ele tem uma peruca abundante! Ele escreve até quatro páginas de ornamento por aula e, mesmo sendo um velho caquético, tem bom gosto no canto. Mas a sua filha teve um professor que tinha a altura de três queijos empilhados, ninguém o considera um bom professor e nem daria um Luigi por mês pelas suas aulas. Ele se faz de rico usando um diamante que uma cantora trouxe para ele de Veneza; e usa sempre uma corrente à mostra com um biscoitinho pendurado nela, pois não tem nem mesmo um relógio para pendurar. Mas o que se pode esperar de um professor tão pobre coitado como este? Só Deus sabe quantos meses de aula sua filha ainda deve a ele..." etc. etc.

Quando baterem à porta, a senhora mãe irá ver quem é, na esperança de que seja um presente, um protetor, um empresário, um papagaio, um macaquinho etc. Se for o sapateiro, o costureiro ou o fabricante de luvas, ela receberá a conta e dirá que voltem depois para receber o pagamento, pois a virtuose está passeando no campo ou está ao cravo com o senhor maestro etc.

Se a jovem, por educação, recusar uma caixa de rapé, um anel ou um relógio, a senhora mãe brigará com ela: "Vejo que você não tem modos! Fazer um desrespeito desses a um senhor que com tanta cortesia quer te dar um presente?"; depois ela pegará o presente e dirá ao senhor: "Nos perdoe, caro ilustríssimo, esta é a primeira vez que esta boneca sai de sua cidade, ela é cristalina como a água escorrida do macarrão e não entende o significado de um presente... Este é o primeiro que ela recebe, pois quase ninguém vem aqui na nossa casa."

E para pagar as contas dos gastos da filha (que deve viver o ano inteiro como uma princesa, uma rainha, uma imperatriz) com servos, pequeno zoológico particular com papagaios, macaquinhos, corujas, cachorros e cadelas com filhotinhos; e ainda os gastos para festas (os quais serão pagos generosamente pelo senhor Prócolo), a senhora mãe, nos dias em que não tem ópera, organizará uma festa com rifa ou loteria com vários prêmios (que descreveremos logo abaixo), assim, todos convidados ganharão algo, irão para casa satisfeitos e voltarão a próxima vez na esperança de ganhar ainda mais.

À RIFA

A rifa ou loto com vários prêmios custará quatro Luigi de ouro por bilhete (sem antes olhar o que tem escrito nele):
1. Um cesto dourado com pantufas, sapatos e botas usadas em óperas pela virtuose, coberto de pintas falsas por todos os lados.
2. Uma caixa de papel cheia de trilos feitos de intervalos de segunda, terça e quarta, de apojaturas, cadências, semitons, notas desafinadas e a mesma quantidade de dores trançadas em madrepérola.
3. O peixe, o tambor e a guirlanda de cola[1] ornamentados com semicromas grandes e pequenas.

---
1 Cola é uma máscara da *commedia dell'arte* e estes objetos podem se referir a alguma encenação da época.

4. Vinte e quatro arcadas inteiras de violino com a mesma quantidade de *messe di voce* e de pronúncias ágeis de palavras, tudo isso amarrado com pedidos honestos e discretos de cachês para fazer uma anágua para a serva.
5. Um terno completo do libretista, feito de casca de árvore de cor amarela como a febre, decorado com metáforas, expressões alegóricas e hipérboles, com botões velhos reciclados de óperas e forrado com versos de várias métricas, junto à fiel espada com punho de pele de urso.
6. Um relógio para contar ornamentos, cadências e saltos das virtuoses com dedo do protetor como ponteiro.
7. Trinta raios, cada um com cinco relâmpagos feitos com diferentes cores de vozes dentro de um bauzinho de madeira.
8. Um grande armário contendo cajados de peregrinos, libretos, dardos, escrivaninhas, punhais, venenos, prisões, sofás, ursos assassinados, terremotos, tendas altíssimas, palhetas de pintores, gesso e pincéis. A fechadura deste armário é de névoa.

9. Escrituras de vários teatros com cessões de camarotes, créditos de empresários a serem descontados no Banco do Impossível e ainda caixas com ações operísticas heroicas e amorosas.
10. Um grande caixote cheio de indiscrições, vaidades, pretensões, rixas, invejas, desapreços, calúnias, perseguições etc., deixadas pelos virtuosos na casa da virtuose em noite de jogo.
11. Uma sacola com muitos cuidados, esmeros, atenções, vigílias, olhadelas, boas maneiras, pretensões de primeiro ou segundo personagem, amarradas com uma fita cor de música: tudo isto é fruto do trabalho das senhoras mães.
12. Uma bacia feita de papel pautado com muitas partes de velhas óperas escritas, seus instrumentos, uníssonos dobrados, vários fagotes desafinados, quintas, oitavas e notas erradas. Dez mil "mis" de baixos contínuos para compor óperas inteiras; este presente já foi dado à virtuose por vários maestros modernos.
13. Um microscópio em que se veem as inquietações, inexperiências, paixões, promessas vãs,

desesperos, esperanças desiludidas, óperas desastrosas, provisões para o ano inteiro, teatros vazios, barcos cheios, falências etc. dos empresários, amarradas com flores de astúcias.

14. Vários aplausos de todos os virtuosos de ambos os sexos, empresários, costureiros, pajens, figurantes, protetores e mães de virtuosos, feitos em apreço ao *Teatro à moda*, juntamente de suas cóleras, cobiças e exageros que acompanham.

15. A caneta que escreveu o *Teatro à moda*.

Aos professores de canto

Os professores de canto dirão às cantoras que cantem sempre *piano* para que os ornamentos sejam mais bem-sucedidos, os quais não devem ser afinados em relação ao baixo nem aos instrumentos acompanhantes. Eles não prestarão atenção ao ritmo, nem à pronúncia, nem à afinação, cuidando para que ninguém do público entenda nem mesmo uma palavra do que é cantado.

Darão aulas iguais a todas as cantoras. Escreverão para as virtuoses em um grande caderno os ornamentos e variações. Sua preocupação principal será a de fazer com que se exercitem nos agudos e nos graves, forçando notas fora da tessitura natural, pois com tais notas a virtuose poderá pedir um cachê mais vantajoso.

Se os professores de canto não conseguirem fazer trilo, não os ensinarão às cantoras, dizendo que é coisa antiga, que não se usa mais e que o povo, de qualquer forma, sempre faz aplausos e gritos no lugar onde o trilo teria que aparecer. Se porém a virtuose insistir em fazê-lo, ele lhe dirá que faça o trilo muito rápido desde o princípio, sempre em semitons e sem prepará-lo com *messa di voce*. Ensinar-lhe-á a fazer cadências tão longas que, para executá-las, precisará respirar no meio várias vezes.

Tão logo a virtuose receba um papel principal, o professor a convencerá de que deve pedir que mudem todas as árias. Cada semana mandará às cantoras que estejam cantando em outras cidades novos ornamentos e variações, os quais devem ser acompanhados pela orquestra em *piano*.

Dará aulas de graça a meninos e meninas pobres, pedindo somente um contrato no qual o cantor deverá dar ao professor dois terços do cachê das primeiras 24 récitas, a metade das próximas 24 e um terço do cachê pelo resto da vida.

Os professores de canto não ensinarão a solfejar, pois terão sempre consigo um professor de solfejo.

Aos professores de solfejo

Os professores de solfejo usarão os mesmos solfejos para todas as cantoras, ensinando-lhes diferentes tonalidades, claves, tempos etc., conforme a necessidade das mesmas.

Ocuparão as cantoras com os mesmos solfejos ascendentes de lá a ré e descendentes de ré a lá e ainda exercícios com os acidentes maiores e menores que possam aparecer. Mas não deixarão que suas alunas abram a boca para que se percebam as vogais etc. etc. etc. etc.

Aos carpinteiros e ferreiros

Antes de começar a trabalhar no teatro, os carpinteiros e ferreiros removerão todas as portas, cadeiras, fechaduras e correntes do palco, dizendo que necessitam ser consertadas; não as devolverão antes de receber a habitual gorjeta. É importante que na estreia eles comecem a bater pregos, do início da sinfonia de abertura até o final do primeiro ato etc. etc. etc. etc.

Aos que alugam cadeiras e camarotes

Os que alugam cadeiras e camarotes farão a corte aos protetores das primas-donas e, do início ao final da ópera, ficarão num canto escuro de uma praça, chacoalhando as chaves para comunicar aos passantes que podem conseguir-lhes lugares no teatro etc. etc. etc. etc.

Ao faz-tudo do teatro

O faz-tudo não trabalhará por menos de 30 dinheiros e uma vela por noite. Exigirá uma gorjeta de 15 liras para cada vez que uma ópera for encenada, pelo seu trabalho de convidar as cantoras para os ensaios, levar-lhes as partituras etc.

Cuidará da organização dos figurantes gratuitamente e, igualmente grátis, fará o papel do urso caso seja necessário etc. etc. etc. etc.

Às pessoas da sociedade

As pessoas da sociedade irão assistir principalmente aos ensaios, especialmente os ensaios gerais.

Não entenderão nada de música, nem de poesia, nem de cenas, nem de danças, nem de figurantes, nem de urso etc., mas, mesmo assim, darão seus vereditos sobre as óperas.

Serão partidários de um compositor, de um teatro, de um cantor, de um figurante, de um urso, de um poeta etc. e falarão mal dos outros etc.

Irão à ópera com o mesmo bilhete por 12 récitas, entrando e saindo a cada noite 15 minutos depois.[1]
Irão às comédias porque custam menos e não prestarão a mínima atenção ao espetáculo, a não ser

---

1 Nos teatros venezianos, existia a possibilidade de se sair durante o espetáculo caso não fosse do agrado e receber o bilhete de volta.

alguma ária da prima-dona ou uma cena do urso, ou relâmpagos, trovões etc. Farão a corte aos virtuoses de ambos os sexos para poder entrar com eles no teatro sem bilhete etc. etc. etc. etc.

Aos gerentes do café do teatro

O gerente do café do teatro será músico amador, terá sempre consigo, em cima do balcão, papéis pautados e será um amável bajulador de todos os cantores. Dará bebidas grátis aos cantores, instrumentistas, empresário, figurantes, urso, libretista etc.; e dará de presente às cantoras cantatas vindas de Nápoles. Venderá por gentileza e por escárnio como quem não sabe de nada:

- Café misturado com cevada e fava, pão queimado etc.
- Licores de vários tipos e com vários nomes, todos feitos somente de uma reles aguardente com mel.
- Sorvete com essência de vitríolo em vez de limões; e cristalizado com sal grosso ou cinzas em vez de sal.

- Chocolate composto de açúcar, canela podre, amêndoas, frutas secas e cacau não refinado.
- Nunca dará água a ninguém.
- Vinhos e comidas habituais.

Tudo isto a um preço quadruplicado etc. etc. etc. etc.

Fim

Glossário

Baixo contínuo: Prática musical do período barroco que consiste na notação de uma linha do baixo de acompanhamento a uma ou várias linhas melódicas e que pressupõe uma realização improvisada da harmonia implícita na relação entre as linhas dadas.

Cadência: Conclusão de uma frase musical. Nas árias e concertos barrocos, a cadência é o momento de demonstração da virtuosidade vocal ou instrumental e podia ser escrita ou improvisada pelo próprio intérprete. Pier Francesco Tosi, em seu texto *Opinioni de' cantori antichi e moderni*, comenta: "Entre todas as cadências das árias, a última concede uma certa liberdade para quem canta, mas se passa por um sofrível abuso até chegar ao final das mesmas. Este abuso pode se tornar até mesmo abominável quando um cantor se põe de pé, parado, com seus tediosíssimos 'gargarejos', que dão náusea nos inteligentes que sabem bem que os compositores deixam em cada cadência final algumas notas e que basta que seja feito um ornamento discreto, sem precisar procurar fora do ritmo, sem gosto, sem arte e sem entendimento".

Canzonetta (cançoneta): Diminutivo de *canzone*, termo dado a peças profanas leves e simples. No século XVII, este termo é também usado com o significado de *villanella*, ária, arieta, *scherzo* e cantata.

Maestro di cappella: Originariamente, este termo define o músico (compositor) encarregado da música dentro de uma capela da corte específica. No século XVII, na Itália, este título se torna mais flexível e o termo pode ser usado também entre os compositores de teatro. Sobre este personagem, Domenico Cimarosa compõe, em torno de 1786-93, o *intermezzo* para um baixo solo "*Il maestro di cappella*", paródia de um ensaio de orquestra.

Messa di voce: No tratado *Opinioni de' cantori antichi e moderni*, de 1723, Pier Francesco Tosi define a *messa di voce* como "uma nota que começa suavemente e *piano* e que devagar cresce até o forte e depois decresce com a mesma facilidade do forte para o *piano*".

Prima-dona: Protagonista feminina, literalmente a primeira-mulher. Deriva da tradição das trupes de *commedia dell'arte* que usavam termos como "*prima-innamorata*" para designar a atriz que interpretava a "apaixonada", ou seja, o papel principal feminino. Com o nascimento da ópera séria, no século XVIII, este termo se consolida e ganha uma carga de vaidade e extravagância. Na ópera buffa se usa o termo "*prima-buffa*".

O termo *"primo-uomo"* também é usado e normalmente se refere ao personagem principal, interpretado por um *castrato*.

Ritornelo: Diminutivo da palavra "*ritorno*" (em italiano, a grafia correta é "*ritornello*"), pode ser traduzido literalmente como pequeno retorno. No período barroco, é o refrão cantado ou a sessão do *tutti* tocada pela orquestra.

Sprezzatura: Literalmente traduzível como "desdém", este termo é usado no vocabulário musical a partir do século XVII, na Itália, para definir momentos de expressividade da música monódica. A palavra é usada pela primeira vez por Baldassar Castiglione, no *Libro del cortegiano*, de 1528, em que define: "Esta virtude, contrária à afetação, que por hora chamamos *sprezzatura*, além de ser a verdadeira fonte de onde deriva a graça, traz consigo um outro ornamento, o qual, acompanhando qualquer ação humana, por mínima que seja, revela não somente o saber de quem a faz, mas também faz com que se estime muito maior do que é na realidade". Este conceito na música pode se traduzir no ornamentar e no fazer passagens complicadas e difíceis, de forma que pareçam fáceis e espontâneas.

Trilo: Ornamento típico da música barroca, que consiste na alternância de duas notas. Para os tratadistas Quantz e Agricola, a velocidade do trilo deve ser determinada pelo caráter emotivo da peça. Pier Francesco Tosi é muito específico quanto aos tipos de trilos e mostra em seu tratado oito tipos diferentes.

Referências bibliográficas

Bianconi, L.; Walker, T. Dalla finta pazza alla Veremonda: storie di Febiarmonici. *Rivista Italiana di Musicologia*, X, p.379-91, 1975.

Bizzarini, M.; Fornari, G. *Benedetto Marcello*: un musicista tra Venezia e Brescia. Cremona: Turris, 1990.

D'Angeli, A. *Il teatro alla moda di Benedetto Marcello*. Prefácio e notas de Andrea D'Angeli. Milão: Bottega di Poesia, 1927.

D'Angeli, A. *Benedetto Marcello*: vita e opere. Milão: Bocca, 1940.

Della Seta, F. Il librettista. In: *Storia dell'opera italiana*. v.4. Turim: EDT, 1987.

Di Benedetto, R. Poetiche e polemiche. In: *Storia dell'opera italiana*. v.6, Turim: EDT, 1987.

Durante, S. Vizi privati e Virtù pubbliche della polemica teatrale. In: *Benedetto Marcello*: La sua opera e il suo tempo (curado por C. Madricardo, F. Rossi). Florença: Leo S. Editore, 1988, p.415-24

Malipiero, G. F. Un Frontespizio enigmatico. *Bollettino Bibliografico Musicale*, V, 1930.

Marcello, B. Il Teatro alla moda. Trad. Reinhard Pauly, Parte I. *The Musical Quarterly*, v.34, n.3, 1948.

Marcello, B. Il Teatro alla moda. Trad. Reinhard Pauly, Parte II. *The Musical Quarterly*, v.35, n.1, 1949.

Pauly, R. Benedetto Marcello's Satire on Early 18th-Century Opera. *The Musical Quarterly*, v.34, n.2, p.222-33, 1948.

Piperno, F. Il sistema produttivo, fino al 1780. In: *Storia dell'opera italiana* (org. L. Bianconi e G. Pestelli). Turim: EDT, 1987.

Strohm, R. *Dramma per musica*: Italian Opera Seria of the Eighteenth Century. New Haven, London: Yale University Press, 1997.

Wiel, T. *I Teatri musicali veneziani. Catalogo delle opere in musica rappresentate nel secolo XVIII in*

Venezia: (1701-1800). Veneza: Visentini Fratelli, 1897.

SOBRE O LIVRO

Formato: 11,5 x 18 cm
Mancha: 19,6 x 38 paicas
Tipologia: Adobe Jenson Regular 13/17
Papel: Pólen Soft 80 g/m² (miolo)
Couché 120 g/ m² encartonado (capa)
1ª edição: 2010

EQUIPE DE REALIZAÇÃO

Capa
Andrea Yanaguita

Ilustração
Cícero Soares

Edição de texto
Samuel Grecco (Copidesque)
Alberto Bononi (Preparação de original)
Olívia Frade Zambone (Revisão)

Editoração Eletrônica
Vicente Pimenta (Diagramação)

COLEÇÃO PEQUENOS FRASCOS

O filósofo autodidata
Ibn Tufayl

Modesta proposta (e outros textos satíricos)
Jonathan Swift

Como escolher amantes e outros escritos
Benjamin Franklin

Reflexões e máximas
Vauvenargues (Marquês de Luc de Clapier)

Escritos sobre ciência e religião
Thomas Henry Huxley

Diálogo no inferno entre Maquiavel e Montesquieu
Maurice Joly

Textos autobiográficos (e outros escritos)
Jean-Jacques Rousseau

O teatro à moda
Benedetto Marcello

Impressão e Acabamento: